投稿

瞬殺怪談 怨速

黒木あるじ
丸山政也
牛抱せん夏
鷲羽大介
Coco
ほか

竹書房
怪談
文庫

※本書は体験者および関係者に実際に取材した内容をもとに書き綴られた怪談集です。体験者の記憶と主観のもとに再現されたものであり、掲載するすべてを事実と認定するものではございません。あらかじめご了承ください。
※本書に登場する人物名は、様々な事情を考慮してすべて仮名にしてあります。また、作中に登場する体験者の記憶と体験当時の世相を鑑み、極力当時の様相を再現するよう心がけています。今日の見地においては若干耳慣れない言葉・表記が記載される場合がございますが、これらは差別・侮蔑を助長する意図に基づくものではございません。

目次

ソロキャンプ

丸山政也

Ｆさんはソロキャンプが趣味だという。

三年前の夏、Ｆさんは郊外にあるオートキャンプ場を訪れ、慣れた手順でテントを設営した。火を起こして簡単な調理をし、食事を済ませた。すでに陽は落ちて、すっかり暗くなっている。周囲を見渡すと、まったくひとの気配がない。自分の場所以外にテントが張られていないので、まるで貸切だな、とひとりごちた。

どれくらい経った頃か、読書をしていたら頭痛と悪寒がしてきたので、寝袋を取り出して横になった。少しうつらうつらとしたとき、外から、すみません、と女性の声がした。

ふらつく頭を押さえながら立ち上がり、テントを開けるとひとりの若い女性が立っている。

「けがをしてしまって。ばんそうこう、もっていませんか」

女性は手から激しい出血をしていて、絆創膏で事足りるような怪我ではなさそうだった。

「大丈夫ですか？ 病院に行ったほうがいいですよ。この時間でも夜間救急なら――」

そう答えていると、

「ばんそうこう、もっていませんか」

と、ただそれだけを繰り返す。仕方なくポーチを取り出し、未開封の絆創膏を箱ごと手渡した。女性は礼もいわず去っていったが、どうにも腑《ふ》に落ちなかった。女性はとてもキャンプをする格好ではなく、よそ行きのような薄着の衣服を身に着けていたからである。

自分が知らないだけで、どこか他にいい設営場所があるのかもしれない。ひとがいないので俺に頼るほかなかったのだろう――と考えた。そうする間にも頭痛と悪寒が激しくなってきたので、薬を飲んで再び横になった。

翌朝。風邪のような症状は治まっている。テントの外に出た瞬間、あっ、と声を漏らしていた。昨晩女性に手渡したはずの絆創膏の箱が地面のうえに落ちていた。拾い上げると、未開封のままで使った形跡がない。怪我の処置には無理だと察して返してきたのかもしれない。それにしたってこんな返し方は非常識じゃないかとFさんは憤《いきどお》った。

ところが――。

帰り支度をしているとき、工具で指先を切ってしまった。出血はたいしたことはなかったが、念のために水で傷口を洗い流し、絆創膏の箱を開けた。と、その刹那、声をあげながら箱を放り投げていた。なかの絆創膏は個装の袋がすべて破られ、フィルムも剥がされている。

そのパッド部分が一枚残らず、赤黒い血で汚れていたからだった。

異常の産物

黒木あるじ

年が明けてまもなく、某集落在住の知人より連絡があった。

「数年前にお伝えした、女幽霊の件なんですけど……」


彼の暮らす集落では、たびたび〈冬道を横断する見知らぬ女〉が目撃されている。

女があらわれるのは、きまって吹雪の夜。視界の悪さに難渋しつつ車を走らせていると、いきなり長髪を振りみだした人影がヘッドライトに浮かびあがるのだという。

もちろん運転手はブレーキを踏むのだが、雪道であるから平素のようには止まれない。「駄目だっ、ぶつかる」と覚悟した次の瞬間、女は風に飛ぶビニール袋そっくりな動きで、ひゅわ、と飛び消えてしまう。

複数の住人が経験しているため、いつしか集落では「あの女は幽霊に違いない」「過去、吹雪に見舞われ遭難死した女性なのだろう」という結論に至っていたらしい。

もっとも、この話を教えてくれた知人は未だ〈その女〉に遭遇していない。「僕が遭った際はすぐに知らせます」と言っていたので、いよいよ見たのかと思ったのだが――。

「違うんですよ」

今冬は、誰ひとり〈あの女〉を目にしていないのだという。

「いつもであれば二、三人は目撃する頃合いですから、みな首を傾げていたんですがね。地区会長が寄り合いの席で〝俺たちは誤解してたんでねえか〟と言いだしまして」

幽霊ではないのかもしれない――と言うのである。

「ほれ、いつも真っ白な山が今年は裸のまま、集落のスキー場がオープンを諦めるほどの暖冬だべ。そんな年にかぎって姿をあらわさねえってこたァ、あれは雪女なんでねえか。

「会長の主張、どう思いますか」

そう問う彼に、私は「来年にならないと結果はわからないね。次の冬が豪雪であることを祈るばかりだ」と答えて電話を終えた。

過去に例がないほど少雪である二〇二四年はじめの記録として、綴った次第である。

影

Coco

高田さんが幼少のころ、祖父母宅へ帰省したときに体験した話。

夕焼けに照らされた田舎道を祖父と散歩していた。皺《しわ》だらけの手をギュッと握りしめると、優しく握り返してくれる、そんな温かい祖父が大好きだった。

教えてもらったカラスの童謡を二人で口ずさみながら歩いた。

やがて、家の前を流れる川沿いの道に着いた。水は夕日でキラキラと照らされ、高田さんは目を奪われた。

ふと気づいたことがあった。

地面には長く伸びる自分の影がある。そして、その横にあるはずの祖父の影、それがどこにもなかったのだ。

幼かった高田さんは、そういう現象もあるんだろう、その程度に思っていた。

祖父に聞いてみると、さっきまでの笑顔がスッと消えた。

「走れ、今すぐ走れ、じゃないと死ぬぞ」

祖父は高田さんの手を強く引っ張り、家の方へ走った。

優しい祖父の突然の怒声、そして鬼の様な形相に、驚いた高田さんは意味も分からず泣きながら走った。

家に着くと祖父が抱きしめてくれた。祖父の身体はひんやりと冷たく、小さく震えていたのが印象に残っているという。

なぜ祖父の影がなかったのか、なぜ走って逃げたのか。

理由を聞きたかったが、また祖父が豹変するのが怖くて聞けなかった。

祖父が不慮の事故で亡くなったのは、この出来事があった翌日のことだったという。

添い遂げ

鷲羽大介

　昨年の冬、三枝子さんご夫婦が隣県の温泉宿に泊まったときの話である。

　そこは歴史のある宿をリニューアルしていて、鉄筋コンクリート造りで真冬でも暖かい棟に、木造の古い建物がくっついている、ちょっと複雑な構造で、方向音痴の三枝子さんは迷いそうになるほどだったそうだ。

　夕食の前に三枝子さんがお風呂へ入りにいくと、浴場へ通じる廊下の窓から、旧棟が見えた。陽が傾いて薄暗い夕方に、池を挟んだ向こう側の建物は、かなり古ぼけているが何とも暖かみがあるように感じられた。向こうの建物にもうっすらと明かりが灯り、老夫婦が差し向かいでこたつに座っているのが見えた。三枝子さんは、自分たち夫婦もこんなふうになりたい、と思いながら入浴し、ゆっくり温まった。

　翌朝、部屋で朝食を済ませた後、もう一度入浴しに行くと、昨夜見た木造の建物はどこにもなかった。廊下の窓から外を見ても、池の向こうにはコンクリートのあずま屋と太い松の木があるだけだった。部屋に戻って夫にこの話をしたら、旧館があるのは建物の反対側で、方向音痴の三枝子さんは全く見当違いのところを見ていたことがわかった。

三枝子さんは、そこで見たものについて、こんなふうに感じているそうだ。

たとえばね、今はもう取り壊された建物があった場所に、かつて居た人たちの姿が現れるというんならわかりますよ。でも、なかった建物といなかった人たちが現れるなんておかしいじゃないですか。それなのに、あのとき見たおじいさんとおばあさんは、本当に幸せそうだったんですよ。あんなふうになりたい、と今でも思ってしまうんです。これって、私がおかしいんですかね？

見てる

牛抱せん夏

飯島さんは中学一年生の頃、学習塾に通っていた。

学校から塾に直行し、帰宅するのはいつも夜十一時頃になる。

ある夜、エレベーターで自宅のある階まで上がると、外廊下から月が見えた。

満月で、やたらと赤い。

風呂に入って宿題をして布団に入ると、夢を見た。

先ほど帰宅した時と同じシチュエーションでエレベーターから降りた。

マンション裏にある山の上に大きな赤い月が浮かんでいる。すると、外階段からコツコツと靴音が聞こえて、派手なワンピースを着た女性が上がってきた。

前髪を長く垂らしていて顔はよく見えない。

女はおもむろにつぶやいた。

「いつも私のこと、見てるよね」

「見てます」

とっさに答えてしまった。

女は飯島さんの手をひいて階段を下りていく。やがて、裏山の神社に連れていかれた。

社殿の裏には、今は使われていない井戸や墓がある。

「私、ここにいるの。いつも私のこと、見てるよね」

女は井戸を指さした。前髪が風になびいて片目が見えた。

飯島さんは悲鳴をあげて尻餅をつくと、這うように家に向かってダッシュした。

女は後を追ってくる。ドアを閉めて中に入って布団を被《かぶ》ると、女は扉を叩いて叫んだ。

「いつも私のこと、見てるよね」

目が覚めた。良かった。夢だった。胸を撫でおろしたのも束の間、あちこち痛い。布団を捲《めく》ると、パジャマは泥だらけで擦り傷ができていた。

そこで思い出した。夢ではない。女は毎日家の前に立っている。廊下の前のスリガラスのところに日常的に佇《たたず》んでいるのだ。

コン、コン。

「いつも私のこと、見てるよねえええ」

らくになる

丸山政也

Nさんが買い物から帰ってきたとき、近所に住む高齢の女性が近寄ってきたかと思うと、突然、自身の首を両手で絞めるような仕草をしながら、ぐえぇッ、とひと声唸った。

すると、

「……くるしかったけどねえ、ずいぶんらくになったよ」

なんのことだかわからなかったが、無理もなかった。

女性は認知症が進んでおり、時折、家を出たきり行方不明になって何度も警察に保護されていたからである。

適当にあしらってNさんは帰宅したが、その翌日、女性の住む家のはす向かいに建つ古びたアパートの一室で、男子大学生が首を吊って死んでいるのが見つかった。

死後一週間ほど経っていたそうだ。

家族の反対により

黒木あるじ

ジブン、高二の夏に怪談系ユーチューバーをめざした時期がありまして。

いや、怪談自体は別に興味なかったんですけどね。歌も料理もゲーム実況も無理なんで、喋るだけなら簡単だと思ったんです。ネットから適当な怖い話を拾ってきて、炎上避《よ》けにアレンジして喋れば全然イケるかなと。人気が出てきたら廃墟実況やライブとかやって、チャンネル登録者を増やして、ゆくゆくはインフルエンサーになろうって計画でした。

で、フリマサイトで中古のマイクと機材を買って、ひとまず一本だけ収録したんです。

ところが音声をチェックしたら、祖母《ばあ》ちゃんの「コラ、そんなことする前にメシ食え」「サボらねえで勉強しろ」「遅いから早く寝れ」って声が、ちょいちょい入ってるんです。

祖母ちゃん去年死んでるんですけどね。

だから怪談系はあきらめました。

いまは自宅の猫を毎日アップして、そこそこ再生数を稼いでます。

サイレン

Coco

海岸沿いをドライブしていた。

長時間の運転に疲れた久田さんがコンビニの駐車場で仮眠を取っていたとき、突然けたたましく鳴りだすサイレンの音で飛び起きた。

どうやら自治体の防災行政無線スピーカーから鳴っているようだった。

まさか地震か？　それとも火事だろうか？

急なできごとにバクバクと脈打つ心臓を抑えながら、寝ぼけ頭で考えを巡らせていると、まもなくサイレンは収まった。

しかしその瞬間、コンビニ壁面に設置されている金属製のU型換気口から、炎がゴォーという音と共に勢いよく噴き出してきた。それが数回続いたという。

なにごとかと店内へ走ったが、店員も客も特に気に留める様子もなく普段通りだった。

心霊現象に否定的な久田さんは、様々な可能性を調べたが、結局サイレンが鳴らされた理由も突然噴き出した炎の正体も分からなかった。

その場所は某大震災で特に大きな被害を被ったエリアだったという。

丸ごと食べる

鷲羽大介

我が家では、果物は全部丸かじりして食べるんです。お父さんが若い頃から、果物にナイフを入れると家のどこかで「痛いっ」という声がして、家族の誰かに切り傷ができるんです。私も幼稚園のころ、お母さんがりんごを切ろうとしたら、足の裏に切り傷ができて、泣いたことがありますよ。あれは痛かったですねえ。

でも、丸かじりすると平気なんです。噛まれるのは痛くないんですかね。不思議ですねえ。だから私、すいかって食べたことないんですよ。学校の友達からは「おいしいよ」って言われるんですけどねえ。

制服姿でくすくす笑いながらそう話す、咲月さんの若さと明るさに圧倒されてしまい、私は「カットすいかも売ってますよ」とはとても言えなかった。そんな問題ではない気がした。

ピット

牛抱せん夏

元オートバイのレーサーの男性から聞いた話だ。

Sサーキットでのレース終了後、ピットで整備作業をしていると、背後で声が聞こえた気がした。ふり返ると誰もいないので、気のせいだろうと作業に戻る。ところがやはり断続的に低い呻《うめ》き声のようなものが聞こえる。バイクの反対側にいた選手も立ち上がって同じ方向を見ている。ここにいるのは自分たちふたりだけだ。

「なんか、聞こえるよな」

彼も頷《うなず》く。ふたりで見回ってみたが、やはり誰の姿もない。気味が悪くなり、閉めて帰ることにした。ピット裏の水銀灯や街灯を両端から順に消していく。すると、スイッチを押す前に灯りが次々に先回りするように消えていく。

通路には亡くなった選手の霊が歩いているという噂はよく耳にしていたが、ピットに出るなんて聞いてない。

言葉を失う

丸山政也

「ぼくのおねえちゃん」

ひとり息子が急にそんなことをいうので瑠奈さんは驚いてしまった。たしかに瑠奈さん夫婦には娘がいたが、今の子が生まれる三年前に病気で亡くしているからだった。

あの子がここにいるというのだろうか。

幽霊でもいい、もう一度あの子に会いたい——。

すると、息子は無邪気な顔でこう続ける。

「ママはぼくのおねえちゃんだよ」

とたん、どっと涙があふれ出た。瑠奈さんには生後二歳で亡くなった弟がいたからだという。

ヒロさんの話

黒木あるじ

カマタの現場で足場組んでたとき、ヒロさんと仲良くなってさ。お爺ちゃんなんだけど、若者の俺でもキツい作業を文句ひとつ言わずやる人でね。それが気に入って話しかけたら、いつのまにかフレンドリーになったんよ。だからさ、友情に年齢ってあんま関係ないね。

で、最初は仕事明けにトリキで呑んだりしていたんだけど、三回目か四回目にヒロさん「金がかかるからオイラん家で呑もうよ」って申しわけなさそうに言うの。「爺さんだし、部屋に行っても危険な目には遭わねえべ」と思って行ったわけ、手土産にケンタ買って。

そしたらヒロさん、一軒家に住んでんの。都内だよ。すげえじゃん。

だから「金持ちじゃないスか」って褒めたんだけど「違う、借家だよ」って。「家にあるものを売ったり捨てたりしない」って約束で、タダ同然で借りたんだって言うんだよね。

たしかに子供向けのタオルケットとか、女の人が化粧に使うコットンパフが置いてあって。

で、まあ乾杯したんだけど――ヒロさん、外呑みとは態度がぜんぜん違ってさ。ずっと黙ってんの。会話が弾まないもんで、俺もなんとなく部屋を観察してたのよ。そしたら、遺影があってね。部屋の上のほうに。そうそう、額に入って横一列に並んでいるアレだよ。

でも――よく見たら違ってさ。遺影じゃなくてさ。

それ全部、レントゲン写真で。

どこかが折れたり潰れたりしてる骨や内臓の写真なんだよ。うん、一枚残らず。

なんだか呑む気も失せちゃって「帰ります」って言ったら、ヒロさん無言でレントゲン写真眺めながらニコニコしてんのさ。それでアウト、返事もしないで玄関に小走りだよ。


いや、翌日以降もヒロさんは普通に働いてたよ。ま、怪我して辞めちゃったんけどね。

俺は別な現場にいたから見てないんだけど、けっこう悲惨だったみたい。落下した鋼管が刺さっちゃったらしくて、救急隊だか消防隊だかが救助するまでずっと絶叫してたって。

あ、でも何ヶ月か経ってヒロさん家の前を通ったら、窓のとこにアルミホイルを丸めて作った藁人形みたいなのが何十体も置かれてたよ。あ、アルミだから藁人形じゃないか。

とにかく、ヒロさんは生きてると思うけどね。生きてると信じたいけどね。

べとべとさんが怖い

Coco

べとべとさんという妖怪を知っているだろうか？

暗い夜道を歩いていると、ペタペタと後ろからなにかが付いてくる足音がする。振り返っても誰もいない、また歩を進めると足音が……という不気味な妖怪である。

「べとべとさん、お先にどうぞ」

そう唱えると、べとべとさんは去ってくれるのだという。

時代が進むにつれ、べとべとさん関連の体験談は減少していったようだが、平成年間の貴重な遭遇体験談を聞かせてもらった。

山寺さんが三十代のとき、田舎の借家に住んでいたことがあった。

八月中旬ごろ、近所のスーパーへ行った帰り道でのこと。近所とはいえ二十分ほど距離がある場所で、日が暮れかかっていたこともあって帰宅を急いでいた。

ペタペタ……ペタペタペタ……

突然背後から聞こえてくるアスファルトを素足で歩く音にゾクッと寒気がした。いくら田舎とはいえ、裸足で歩き回る人はいない。

おそるおそる、後ろを振り返ってみたが誰の姿もなかった。道には隠れる場所はあるが、そんなすぐに隠れられるはずもない。山寺さんの背中に冷や汗が滲んだ。

元々、妖怪漫画が大好きだった山寺さんは、あれを思い出し、一か八か試してみた。

「べ、べとべとさん……お先にどうぞ」

声も体も震えていたが、相手には届いたらしかった。ぺたぺたという足音が自分の真横で一瞬止まったかと思うと、そのまま追い越して歩いていった。

それからも何度かべとべとさんに遭遇したが、同じように対処しているうちに、友人に笑い話として話せるくらいに慣れていったという。

しかし、友人は怪訝な顔で言った。

「なあ、最初に出会ったのがスーパー近くの道だろ。そして、先週会ったのが三丁目の自販機前なんだよな？　それって、どんどんお前んちに近づいてきてないか？」

その後、ほどなくして山寺さんは田舎から引っ越したため、べとべとさんと会うことはなかったという。もしも、そのままにしていたらどうなっていたのだろうか。そもそも、本当にべとべとさんだったのだろうか。

今でも山寺さんは暗い夜道を歩くのが苦手なのだという。

ピンク

牛抱せん夏

　夏休みのとにかく暑い日だった。雨が降っていて室内はじっとりと蒸していてなかなか寝付けない。扇風機がカタカタと音を立てながら首をふっている。

　明け方ようやく眠りにつくと、夢を見た。家の近くの船着き場に全身ピンク色の派手な女のひとが立っていて、傍らに建つ石碑を指さしていた。

　目が覚めると頭の先から足のつま先まで汗でべっとりしていた。

　夜明けと共に家を出た。なにかが気になって仕方ない。まだ雨は降っている。歩いて十分ほどで船着き場に到着すると、顔見知りのおじさんが傘を手に石碑を眺めていた。

「おじさん、おはようございます」

　昨夜この石碑の夢を見たことを告げると、彼もまったく同じ夢を見たのだという。なんとなく気になってここへ来たらしい。するとおじさんは釣り場の階段を海水近くまで下りていき、停めてあった漁船の脇に立った。

「坊主、こっち見るな！」

　その声に驚いて跳ね上がってしまったが、それよりわずか数秒前にすでに見てしまっていた。全身がピンク色に膨れ上がった全裸の女性の腐乱死体がそこに浮かんでいた。

接種会場

丸山政也

　七十代の春江さんは新型コロナワクチンの接種をこれまで七回受けているが、五回目の頃まで毎回同じ会場で見かける高齢の男性がいたそうだ。

　そのひとは昔住んでいた街で自治会が一緒だったため顔と名前を覚えていたが、話し掛けるほどの知り合いではなかった。

　ところが最近、前に近所だった知人と電話で話しているとき、例の男性の話をしてみると、第一回目のワクチン接種の始まる数ヶ月前に、そのひとは自宅で孤独死していると知らされた。

　そういえば、いつもひとりだけマスクをしていなかったし、同じところにずっと座っているのが奇異だったという。

教えて

牛抱せん夏

夏の早朝、犬の散歩に出かけた時のこと。

ふだんおとなしい犬が突然、勢いよく走り出した。

「こら、どこいくの。待って」

綱を引いてもダメだった。

やがていつもは通り過ぎる公園内に誘導していくと、一本の桜の木の前でおすわりをして動かない。その木の裏側をひょいと見たら、男性が首を吊っていた。

その日以降、散歩であの公園付近を通りかかると、夜に必ず枕元に誰かが座っているのを見るようになった。夫にそのことを話すと「首吊りを目撃したショックからだよ」と取り合ってくれない。

私が見た首を吊っていた方は作業着姿の男性だった。

では、自室に現れる女性は、いったい誰なのですか。

雪解け

丸山政也

八年前の冬、Tさんが転勤で引っ越した先で膝丈ほどの大雪が降った。

雪が止んでからは気温の高い日が続き、道路や屋根に積もった雪は見る見るうちに解けていったが、Tさんの住むアパート近くに建つ、一軒の廃屋の前だけなかなか雪が解けなかった。

それでも少しずつ雪嵩は減っていき、見渡す範囲ではどこにも雪のなごりなどなくなった頃でも、どうしたわけか、件《くだん》の家の前だけに人がうつ伏せで倒れているような形で雪が残った。

高さは十センチほどのものだが、どう見ても人の姿にしか見えない。

子どものしわざかとも思ったが、毎日通りすがりに雪が減っていく様子を見ていたので、誰かが形作ったとも思えない。雪が止んでから何週間も経っているのに、いつまでもその部分だけ雪が解けないのが、なによりも不思議だった。

見慣れない高齢女性が腰を屈めて、その前で手を合わせているところを目撃したそうだが、梅の花の咲く頃には、そのひとがたの雪もなくなっていたという。

半信半疑だったから

黒木あるじ

コロナ禍のおり、仁藤さんは山村にある民泊へ滞在した。会社がテレワークを推奨していた時期で「どうせなら静かな環境で仕事をしよう」と田舎の古民家を選んだのである。

滞在初日、持ち主の老人が家屋を案内してくれた。

前庭や広間、台所にお手洗い——ひととおり各室の紹介を終えると、おもむろに老人は「大事なことを言い忘れるところだったで」と表情を変えた。

「裏手の沼にぁ[redacted]サマが棲んでっから、くれぐれも気ぃつけでの」

どうやら[redacted]サマが〈人間じゃない存在〉らしいとは察したが、なにせ訛《なま》りの所為《せい》で名称が正確には聞き取れない。と、戸惑う仁藤さんを前に、老人が微笑《ほほえ》んだ。

「大丈夫だ。信じてる人間にはハッキリ見えっけど、信じねえモンは気配ひとつ感じねえらしいからよ。さて、姉ちゃんはどっちだべなぁ」

正直をいえば、どちらでもなかった。「そんなモノが居るなら見てみたいな」とは思うが、さりとて実在を信じたわけでもない。半信半疑、すこし否定寄りのスタンスである。

「だから、その場は曖昧な返事でお茶を濁したんですけど」

その日の夜。彼女が湯船に浸《つ》かっていると、ガラス張りの引き戸が数ミリ開いた。

建てつけが悪いのかな。すこし身体を浮かせたと同時に、隙間から風が吹きこんでくる。

その風が、異様に臭かった。反射的に呼吸を止めてしまうほど腥《なまぐさ》かった。

え、このにおいって――沼から。それって。まさか。

身を強張《こわば》らせる仁藤さんの前で、誰かが足を挿し入れたように浴槽のお湯が揺れる。

「すぐにお風呂を飛びだしましたよ。おかげで風邪を引きそうになって散々でした」

結局、彼女は三泊の予定だった滞在を一泊二日に切りあげたという。

「だってあのとき〝あ、本当に居るんだ〟と確信してしまったので。信じちゃったら……ハッキリ見えてしまうんでしょ。それは、ちょっと勘弁なので」

雰囲気は好ましかったが、二度とあの民泊に行くつもりはないそうだ。

交通誘導

Coco

交通誘導員の丸山さんは片側交互通行の誘導をおこなっていた。片側交互通行とは、道幅が狭く相互で行き交うのが難しい場合の誘導方法で、一方の車線を停止させている間に、もう一方の車線を進行させるというものである。

二人の誘導員がそれぞれ別の車線に待機し、無線機を使い最後部の車両ナンバーを伝達する。そして、その車が通り過ぎると、もう一方の車線にゴーサインを出すのである。

無線機でやりとりをしていると、稀に混線してノイズのような声が入ることがあった。一日数回から、一週間に一回というときもある。特定の場所で起こるわけでもなく、チャンネルを変えても効果はなかった。そして、はっきりと聞こえたときがあった。

「ズザアア、ぎゃぁぁぁあああザザザ、あづぃぃぃいいザザザア」

それは女の悲鳴だった。まるで、苦痛と恐怖に満ちた断末魔の叫び。相方は気づいておらず、丸山さんはより一層心細くなった。

休日、出掛け先で事故現場を目撃した。黒々とした煙を吐きながら炎上する車、その車種とナンバーが、あの悲鳴が聞こえた瞬間に誘導していた車と同じものだった。

招待状

鷲羽大介

薫さんの夢に、十年は会っていない大学の同級生が出てきた。
あたし引っ越したんだ、今度ぜひ遊びに来てね。
それだけ言うと夢は醒めた。
次の日、彼女の実家から訃報が届いた。
薫さんは、これまでに六人、友達の訃報をこうして受け取っている。
友人たちからの招待をどう受け取るか、どう断るか、ずっと悩んでいるそうだ。

初産

牛抱せん夏

友子さんがこどもを出産したばかりの入院中のできごとだという。

町の小さな産婦人科で、高齢の院長先生と感じの良い看護師がいつも優しく見守ってくれていた。

初めての出産だったので個室では心細い。

大部屋ならほかのママさんたちもいるだろうと希望を出したのだが、たまたまその日は誰も入院しておらず、当てが外れてしまった。

一日目はひとりでゆっくり眠り、翌日から母乳マッサージや授乳、沐浴の練習がはじまった。赤ちゃんは産まれてから数日の間はナースステーション横のベッドに寝かされていた。早く一緒に眠りたい。その日を心待ちにしていた。

出産五日目になって初めて大部屋で赤ちゃんと一緒に眠る日がきた。四月初旬の肌寒い日だった。未だ自分たち以外は誰もいない。がらんとした大部屋でなんとなく淋しい。洗面台の灯りだけを点けたまま、ベッドまわりのカーテンを閉めて眠った。

真夜中頃のこと。ガタガタという音で目が覚めた。音はベッド脇にあるロッカーの中から聞こえる。ロッカーは激しく左右に揺れだした。やがて勢いよく扉が開き、なにかが飛び出てくると、ペタペタと足音をたてながらベッドの下にもぐり込んだ。

友子さんは起き上がって赤ちゃんを抱き上げた。すると、ベッドの下からぬうっと小学校低学年くらいのこどもが顔を覗かせた。その顔はふつうの大人の三倍ほどもある。目玉は自分の顔の半分はありそうだ。あまりのできごとに声も出せない。

ハッ、ハッ、ハッ、ハッ。

そいつは細かく息をしながら下から這い出てくると、ベッドのまわりをペタペタと歩き回る。

友子さんは赤ちゃんを抱いてナースステーションに駆け込んだ。呼び出しボタンを押し、仮眠中の看護師を起こして今見たことを伝えた。

この病院で中絶手術や死亡事故はないから、そんな変なものは……と、看護師は首を傾げるばかりだった。

灯油を買う男

丸山政也

ガソリンスタンドで働くBさんの話である。

Bさんのスタンドには秋口になると必ず灯油を買いにくる五十代半ばほどの男性客がいた。背が低くて腹が出ている典型的なメタボリック体型、頭はM字型に禿げており、腰が悪いのか、足を少しひきずるようにして歩く。車で来るのが常だったが、初秋のある日、そのシーズン初めての来店をした。

例年のように赤いポリタンクをふたつ持ち、自分で機械を操作して慣れた手つきで灯油を入れていた。だが、いつも乗ってくる軽自動車がない。歩いてきたのかと観察していると、入れ終わったポリタンクを左右の手に持ち、足をひきずりながら自宅とおぼしき方向に歩いていく。よほど近くなのだろうか。それにしても車があるのなら、なぜ利用しないのか理解ができなかった。もっとも故障しているとか、なにか理由があるのかもしれない。大丈夫だろうかと少し心配だったが、洗車の仕事が入り、作業をしているうちにそのことは忘れてしまっていた。

しかし、その翌日にも男性客はスタンドに来て、ポリタンクをふたつ入れている。それほど灯油を使うとは個人が自宅で消費する量ではない。車はやはり見当たらず、入れ終わるとまた足をひきずりながら歩いて帰っていった。その週のBさんが出勤した日は、毎日決まった夕方の時刻に男性客はやってきて、同じ量の灯油を入れて帰っていくのだった。

そんなある日、昨年Bさんの職場を辞めて転職した先輩が、ガソリンを入れにスタンドにやってきた。

すると、帰り際に先輩が、

「小柄で足をひきずっていた中年の男性客がいただろう。そうそう、五十代くらいの。あのひと死んじゃったんだよ。火事でさ。うちのすぐ近所のひとだったから、よく知っていたんだけど」

と、そういった。Bさんもこの職場には長いが、そのような特徴の客はあの男性しか思い当たらない。それはいつのことかと尋ねると、もう一ヶ月も前だという。

そんなはずはない。この一週間、毎日のようにスタンドに来ては灯油を入れているのだから。しかし、Bさんはそのことを先輩には伝えられなかった。もしかしたら違うひとのことかもしれないと思ったからだ。だが、どれほど考えてみても、そのような客はあの男性以外にはいなかった。

不思議なことに、先輩から話を聞いたその日から、件の男性客はぱったり現れなくなったそうである。

知らないおじさん

Coco

石井さんという二十代前半の女性が体験した話。

彼女は母親と思い出話をしていたとき、ふいに幼稚園くらいのころに祖母の家で髭が特徴的な知らないおじさんと二人で遊んだことを思い出した。

昔から人見知りの激しかった石井さんが初対面の人と仲良くなるなんて珍しいことだったし、すごく楽しかったのではっきりと覚えている。そのことを母親に話すと。

「そんな人、親戚にいたかしらねぇ」

少し考え込んだような顔をして、そう言った。では、自分の記憶が間違っているのだろうか？　そのことがずっと腑に落ちないでいた。

お正月に親戚一同が集まったとき。母が石井さんのあの話を皆にしてくれた。

「そんな奴、知らねーな」

「一体誰のこと言ってんだろ？」

と、口々に言うなか。

「それって、お婆ちゃん家の玄関横の部屋でしょ、おじさんと遊んだの」

そう、一番年上の従姉がポツリと口を開いた。

「そのおじさん知ってるの？」

「知ってるっていうより、私もそのくらいの歳のころに一回だけ遊んでもらった」

聞くと、従姉にもまったく同じ記憶があることが分かった。お互い年齢も離れているのに共通の記憶を持っている。そんな奇妙な一致に皆が首を傾げた。

祖母いわく玄関横の部屋は、元々は麻雀部屋にしていたが、初孫が生まれたときに物置にしてしまい、ずっと人が入る隙間のないほど物が押し込まれているという。

あのおじさんがなんだったのかは結局分からずじまいだったが、あの物置部屋へ従姉と行こうとしたことがあった。だが、部屋の前まで来ると、二人とも急に気分が悪くなり入れなかったそうである。

迎えに来た母

沫

それは午後の授業時間のこと。

教頭先生が教室のドアを開けるなり、京子さんの名前を呼んだ。校門にお母さんが迎えに来ているから、早退しなさいとの話だった。

京子さんは困惑しながらもランドセルに教科書を詰め込み、先生と同級生達に頭を下げて教室を出て行こうとした。その瞬間、どこからその話を聞き付けたのか、去年まで京子さんの担任をしていた工藤先生が入って来た。

「待って京子ちゃん。あなたのお母さんは去年亡くなったよね？」

同時に教室は騒然とした。一体誰が迎えに来たんだと騒ぐ中、今度はまた別の先生が「勝手に校内に入って来てます」と慌てて教室のドアを開け、そう告げた。

先生達が全員で教室の外へと出て行く中、同級生達は京子さんを守れとばかりに取り囲んだ。

結局、担任が「ひと間違いでした」と息咳切らせて教室へと戻って来て、その騒動は落ち着いた――が、京子さんはなんとなく、迎えに来たのは本当に母だったのだろうと確信したらしい。

臺%＊祁@

佐々木ざぼ

「最初は夢かと思ったんですけど」

地元の大学に通う丸野さんが、実家の二階で寝ていたときの話。

人の気配で目覚めた彼は、薄暗い廊下に小柄な女性が立っているのを見た。

（誰だろう……）と寝ぼけ頭で考えていると、その人影は「兄ちゃん、起きたんだ」と声をかけてきた。

ああ、妹か。遅くにどうしたのか聞いてみると「外に、臺%＊祁@がいる」と言う。

「なんだって？」

「放し飼いの臺%＊祁@かも。危ないなぁ」

臺%＊祁@ってなんだ？　生き物の呼び名のようだが、そこだけうまく聞き取れない。

「この前も電車の中で大声でふざけて、すごい迷惑だったよ」

あれ。もしかして誰かの名前なのだろうか。よくわからない。

妹はジッと窓から外を眺めているが、視線の先には闇夜が広がるばかりである。

「何もいないよ」と声を掛けようとして、丸野さんは思いとどまった。横顔しか窺えないが、廊下に立つ妹の目鼻立ちに見覚えがなかったからだ。ささやくような息漏れ声も、まるで馴染みがない。

「なあ、お前……」言葉が、続かない。

「もういいや。お休み」妹はそう言うと、突き当たりの階段を上っていってしまった。

え……あれ？　その後ろ姿が見えなくなって間もなく、奇妙な感覚が這い上がってきた。

なんで階段上がってくの……うち、三階無いんだけど。

第一、こんな時間に妹は廊下で何してたんだ。妹……妹？

一人っ子だよな、俺。妹いないよな。

「あの女、一体なんなんだよ！」

次の瞬間、バタン！と大きな音を立てて隣の部屋のドアが開いた。中から先ほどの女が
「兄ちゃんうるさい！」と怒鳴りながら出てきたのを見て、一気に混乱した。

「俺の部屋の隣に、部屋なんか無いのに！」

理性を失った丸野さんは衝動的に窓を突き破り、叫びながら外に飛び出してしまった。

「んで、転げた庭先に野良の薹%＊祁@がいて、太ももを噛まれちゃったんですよ」

彼が見せた噛み痕は、形も大きさもひどく歪《いびつ》で、犬や人の仕業には思えなかった。

「だから、夢じゃないんです」

いないいないばあ

中村 朔

Mさんの住む街に、車の事故が多発する通りがあった。ただの直線で、事故の原因となる障害物もないのに、なぜか事故が続く。運転手に聞いても居眠りなどしておらず、走っているうちに何故かふらっと路肩に引き寄せられてしまった、ということだった。

ある日、Mさんが車でその通りを走っていると、反対側の歩道に小学生くらいの男の子が立っていた。車道に向かって「いないいないない」をするように両手で顔を隠している。渡りたいのかな、と思い車の速度を落とすと、対向車線を車が走ってきた。すると男の子は対向車の方に顔を向けて、「ばあ」と両手を開いた。Mさんからは男の子の顔が見えなかったが、次の瞬間、対向車が男の子に向けてかじを切って、そのまま突っ込んだ。

慌てて車を止めて事故現場に駆け寄ると、運転手が首をひねりながら車を出てきた。人を轢《ひ》いたにしてはのんびりした表情だ。男の子のことを告げると気づいていなかったようで、途端に顔が真っ青になった。しかし運転手と二人で車の周りを検めたが、子供はどこにも見つからず、結局、単独事故として処理された。

今でもその通りでは事故が多発している。Mさんはできる限りその通りを避けているが、ときおりどうしても、男の子の顔を見たくなるそうだ。

ウオノエ

鍋島子豚

叔父から酒の席で聞いた話。

十三年前の八月六日。九州の沖合で船釣りを楽しんでいた叔父は、念願叶って大きなクエを釣り上げた。全長百二十センチ、重さ二十七キロの大物を引き上げると、船長の提案により、同僚がクエを抱え、叔父の頭に齧《かじ》りつかせる構図で記念写真を撮ることにした。

船先にしゃがみ、クエの顎を大きく開く。叔父はふと、クエの口の中に視線をやると、握り拳大の中年男性の顔が奥からこちらを見ていた。SF映画に登場する、口の中に口がある怪物のようだったという。青白い顔の男性は目が合うと、モゴモゴと口を動かした。

「よん、じゅう、ごー」

消え入りそうな、そして予想外に甲高《かんだか》い声に驚いて、右手をついてひっくり返った。鋭い痛みが走る。見ると、置かれていた刺身包丁が親指の付け根から手首をすっぱりと切り裂いていた。

大慌てで港に引き返し大事には至らなかったが、気がつくとクエは無くなっていた。

あの言葉の意味はわからない。ただ、その日は叔父の四十五歳の誕生日だったという。

かかってくる

宿屋ヒルベルト

高見くんは小児科医院で夜間受付のアルバイトをしている。受診相談の電話や救急隊の搬送依頼があれば病棟の看護師につなぐ、基本は待機の仕事だ。電話がかかってこない限り、持ち込んだ漫画を読んでいようが、寝ていようが構わない「楽勝」のバイト……にもかかわらず、人が居つかなかった。シフト表を見ていて、顔を合わせたことはない「同僚」たちの名前が二か月ほどでどんどん入れ替わっていくのを高見くんは不思議に思っていた。

ある引き継ぎの時に、朝番の事務員さんからふと、こんな風に訊ねられた。

「高見くんは、まだ電話かかってきてないの？」

昨晩は受診相談が一件だけでした、と答えると彼女はかぶりを振って、

「そうじゃなくて。夜勤で詰めてると、自分から電話がかかってくることがあるんだって」

自分から？　意味が分からず訊き返すと、事務員さんは曖昧に笑い、

「そう言って辞めちゃう子が多いらしいよ。自分から電話がかかって来て、厭《いや》なことを言われたから続けられませんって」

具体的に何を言われたのかは皆、言葉を濁して去っていくそうだ。

その医院の求人広告は、今も大手募集サイトに掲載されているらしい。

キコキコ

のっぺらぼう

「子供の頃の話でもいいですか？」

フリーマーケットで多肉植物を販売している二十代のFさんは、買い物に来ていた私に幼い日の体験を語ってくれた。


ある日、Fさんは風邪を拗らせて高熱を出し、自室のベッドで寝込んでいたという。

深夜、しんと静まり返った子供部屋で微かに鉄と鉄が擦《こす》れるような高く細い音が途切れ途切れに聞こえてきた。

キ……キ……コ……キコ……キ……キコ

不審に思いながらも寝ていたFさんは恐る恐る横を向くと、幼稚園児くらいの知らない男の子が三輪車を漕いでいた。

その男の子には顔が無かった。

顔のパーツ全てが欠如したのっぺらぼうの少年は、明かりの消えたFさんの部屋の中をクルクルと廻り続けていたという。

話を聴き、私はFさんには申し訳ないが、熱にうなされて見た悪夢か幻覚だろうと思っていたのだが、Fさんの話は続く。

「それで、僕まだ実家に住んでるんですけどね……いまだにその男の子、ふとした時に部屋に出るんですよ。あれなんなんですか？」

そう言ってFさんは私が購入したサボテンを手渡した。

コックリさん

鬼志 仁

入社五年目の西野君は健康診断嫌いなのだが、なぜか今年は自腹を切って人間ドックを受けると言う。理由を訊いたら、次のような話をしてくれた。

彼が大学四年生だった時に、彼のアパートで、松下君、吉岡君の三人で夜が更けるまで飲んでいたという。

誰が言い出したのか、コックリさんをやろう！　ということになって、ノートを破いて文字盤を作り、コックリさんを始めたという。

「三人とも飲みながらやったので、途中から記憶がないんですよ」

気が付いたら朝になっていた。

西野君が部屋の中を見ると、松下君と吉岡君が畳の上に横になっていた。

「でもね、松下の様子がおかしくて。揺さぶっても起きないし、顔が土気色なんです。なにより息をしていなくて。すぐに救急車を呼びました」

救急車が来るまでの間、西野君と吉岡君は、見よう見まねで松下君に心臓マッサージなどを試したという。

「ふと、コックリさんの文字盤を見たら、鉛筆で書いた五十音の〝ま〟〝つ〟〝し〟〝た〟

が消されていたんです」

やがて救急隊はすぐに来たが、松下君の死亡を確認しただけだった。

あの夜、なにがあったのか？

西野君が吉岡君に尋ねても、彼もひどく酔っていたのでよく覚えていなかった。

「ただ、『二人のうちのどちらかが、消しゴムで文字盤の文字を消していたような気がする』と言うんです。もしそれが僕だったら松下の死に責任があるような気がして」と西野君。

この話には続きがある。西野君が言う——

「文字盤の隅に、『ニシノ　5ネンゴ』と小さく書いてあったんです。今年がちょうど五年後になるんですよ」

一か月ほどして、西野君の人間ドックの結果が出た。便潜血検査が陽性で、精密検査の結果、大腸にガンが見つかった。

「初期だったので、内視鏡で取って終了です。僕は助かったんでしょうか？」

その時は六月で、まだ半年以上残っていた。

私は「まだ気を付けた方がいい」と答えるのが精いっぱいだった。

コンビニ

雪鳴月彦

東北在住の隆司さんが、七年ほど前に体験したという話。

伯父が亡くなったという報せを受けた隆司さんは、せめて通夜くらいには顔を出さねばと思い、一日だけ休みをもらうと伯父の家へと車を走らせた。

伯父の家は栃木にあり、土地勘もなく無事に辿り着けるか不安もあったが、どうにか通夜へ顔を出すことはできた。

泊まっていけばいいと声をかけてくれる伯母の言葉を丁重に断り、夕食だけ頂いた後にとんぼ返りでアパートへと戻ることにした。

その帰り道、山道を走っていた隆司さんは翌朝の朝食を買っておこうと思い、途中で見つけたコンビニへと立ち寄り、菓子パン二つとジュースを購入した。

愛想の悪い中年の男がレジに立っていたが、田舎の山中にあるコンビニで夜勤じゃ接客なんてこんなもんかと、そんなことを思いながら店を出て、再び車を走らせた。

翌日。目を覚ましシャワーを浴びた隆司さんが、コンビニで買っておいたパンを食べようとリビングへ向かうと、そこには土で汚れボロボロになったビニール袋が置かれている。

困惑しながら中を確認すると、腐食した木の枝と泥だらけの石、そして錆びて穴の開いた空き缶が入っていたという。

後日、隆司さんが改めて夜に立ち寄ったコンビニへ出向いてみると、そこにはコンビニとは似ても似つかない、朽ちかけた廃屋が一軒、佇んでいるだけだったそうだ。

見知らぬ妹

沫

F子さんは小学校の頃に奇妙な体験をした。

ある日突然に家族が増えた。妹が出来たのだ。但しそれは赤ちゃんが生まれたとかそう言う類ではなく、F子さんより二学年下の年の妹が家にやって来たのである。

両親の説明はなかった。ただ学校から家に帰れば食卓には妹の席が設けられており、まったく何事もなかったかのように晩飯となった。

妹の名前は〝いさよ〟だった。そのいさよもまた、昔から妹であったかのようにF子さんに接したと言う。

その見知らぬ妹との生活は二年にも及んだ。そうしてある晩、いさよがF子さんの部屋にやって来て、「もう帰るから」と告げた。次いで、「一緒に行かない？」と訊ねられ、F子さんは返答に困って「明日の朝になったら返事する」と言って逃げたらしい。

翌朝、既にいさよはいなかった。両親にいさよのことを聞いても、「誰それ？」と不審がられるばかり。

結局、いさよは二度と戻ることはなかったが、いさよの使っていたご飯茶碗は今以て戸棚の奥に残っている。

ご遺体の保管

鬼志 仁

葬儀業者のAさんから聞いた話。

コロナ禍の時、ご遺体の保管場所が確保できなくなり、Aさんは上司から、会社のすぐ隣にある空き家の持ち主とコンタクトを取るようにと言われた。

「遺体の保管所として使わせてもらおうというのです。もちろん有料で。私が持ち主と交渉したら、遺体の搬入と搬出は、目立たないように夜中にやることを条件に、ＯＫしてくれました」

コロナ禍の間、その空き家でのご遺体の保管は続いた。

「付近の住人に知られたら、絶対にクレームが来るので、ご遺体の搬入と搬出は慎重にやっていましたよ」

やがてコロナが落ち着いて、空き家の利用も終わった。

「その空き家、持ち主が改修して、民泊施設としてオープンしたんです。最初は外国人とかがよくやって来ていましたね」

真夜中まで明かりが点いていて、騒ぐことが多かったので、地域の住人からクレームが来るようになったという。

「ただ、数か月もすると、泊まる人がほとんどいなくなったんです。ネットで調べると、あの民泊施設に泊まると、体調を崩すと書かれていました。事故物件でもないのになんで？　なんてことも書かれていましたね」

真実を知っているのは持ち主とAさんたちだけ。しかしそれは他言無用だ。

そのうち、その民泊施設は潰れて、持ち主は借金を残したまま、行方不明になったらしい。

「空き家の利用を指示した私の上司ですが、急に会社を辞めたんですよ。理由は不明。私は最近、通勤途中の記憶が飛ぶことがよくあって、電車通勤が怖くなってきたんです」

Aさんは、徒歩で通えるところへの引っ越しを、真剣に考えているらしい。

ぜんまい仕掛け

藤野夏楓

幼少期をタイで過ごしたUさん。ある日、近所にある大きな公園で腐乱死体が発見された。当時、十歳になったばかりのUさんは恐怖心よりも好奇心の方が勝ってしまい、家をこっそりと抜け出して死体のあった場所を見に行ったことがあるのだという。

草の根を掻き分け、鼻にまとわりつく小虫を払いのけながら、死体があったと噂されている土管の中を覗いてみた。すると、ヒキガエル色の無数の顔がぜんまい仕掛けのようにゆっくりと回転していたという。

チンチロリン

佐々木ざぼ

階下からの物音で目を覚ました桐子さんは、一緒に寝ていたはずのアキくんが居ないことに気がついた。一階のリビングに下りると、アキくんは小さな碗を前に正座していた。サイコロを手に持って、何やら険しい表情をしている。

桐子さんは離れて暮らす父親を思い出した。生来の博打好きで「碗を転がるサイの音がチンチロリンって鳴るんだ」とよく話していた。

(父さんがアキに、変なことを教えたのだろうか)そう思った瞬間、不意にアキくんが口を開いた。

「海で死んだら本望と思ったが、そうでもねえなあ」

間違いなく父親の声だった。唖然とする桐子さんの前で、アキくんは碗目掛けてサイコロを放った。

チンチロリン。上を向いた目は三と、一と、一。

チンチロリン。三と、一と、一。

東日本大震災前夜の出来事である。

ドアのガラス

雨水秀水

Mが夜中、トイレに起きると、玄関のほうから明るい光が漏れていた。不思議と気になってそちらへ向かうと、玄関ドアの中央にある長方形のガラス部分から、髪の長い女がじっとこちらを見つめていた。はっきりと見えた目は異様に大きく、まるで魚のようだった。口は何かを言いたげにパクパク動いている。Mはトイレも忘れて部屋に逃げたそうだ。

翌朝、出勤するときに思わずぞっとした。

玄関ドアのガラスは磨りガラスで、はっきりと見えるはずがないのだから。

とろける座席表

鍋島子豚

「なんとなく、近いうちに退職する社員がわかるんだよね」

忘年会の席で、酔いの回った村上さんが得意げに話す。

人事部と仲が良いとか退職の相談を受けるような人柄ではない。

村上さん曰く、座席表を眺めていると、職員の名前の文字が滲んだり、小刻みに震えて見えることがあるそうだ。その職員は決まって一ヶ月以内に事故や病気、身内の不幸など不本意な事情で辞めていくという。

「この五年で十回以上あったな。お前の名前が滲んだら教えてやるよ」

そう言って意地悪な笑顔を見せた村上さんが、
急に退職して一年が経つ。

一度だけメッセージアプリに「ぐーるぐるのぐーちゅぐちゅ」と送られてきて以来、返信に既読がつかないままである。

ニセおじさん

宿屋ヒルベルト

偽物のスギハラさんが来るんです——前野さんは眉をひそめた。

スギハラさんは、前野さんが勤める図書館に毎週火曜日、本を借りに来る常連のおじさんだった。物静かで腰の低い人で、前野さんは好感を持っていた。

「偽物」は何の前触れもなくやって来た。貸出カウンターで相対し、顔を見て前野さんは絶句した。いつものスギハラさんと同じ曖昧な笑顔を貼りつけた顔が、どう見てもいつもの三倍ほどの大きさだったのだ。ゆるキャラの着ぐるみのようだったという。

偽物はいつもと同じように本を返却し、新しい本を借りて行った。翌週、いつものサイズのスギハラさんがその本を返しに来た。それから三か月に一度ほどのペースで、巨大な頭部をゆらゆらさせた偽物のスギハラさんが図書館を訪れるようになった。狙ったように、前野さんがひとりでカウンター業務をしていて利用者もまばらな時間帯にやって来るので、他の職員は偽物を見たことがないらしい。何かの目の錯覚だと思うことにしているそうなのだが、前野さんにはひとつ、気がかりなことがあるという。

「偽物が来る時は決まって、辞書とか語学の教科書を借りていくんですよね」

人間の言葉を勉強しようとしてんじゃねえよ、と気味悪く思っているそうだ。

バケットハット

あんのくるみ

古着屋巡りを趣味にしていた頃、都内K駅周辺の店でバケットハットを買った。八〇年代のデニム製でサイドに小さなポケットが付いている。今流行《はや》りのデザインより浅被りで、ビンテージらしい色褪せといい感じにくたびれた生地の柔かさが気に入った。帰宅後、その日購入したジャケットやパンツと一緒に、例のバケハを鏡の前で合わせてみることにした。

前髪を手で撫で耳にかける。裏地を見ながらおでこにゆっくりと当てる。そのまますっぽりと頭を収めようとした瞬間。

……わしゃわしゃわしゃわしゃわしゃっ

と、バケハの中で何かが蠢《うごめ》いた。

ひぃっ！　と短く悲鳴をあげてバケハを脱ぎ捨てた。

まだ感触が残る髪の毛と頭皮の間を念入りに確認する。

虫を探しているのではない。あの感触は紛れもなく人の指だった。

大きな手が帽子の中にいて、髪の間に指を入れ左右にわしゃわしゃと頭皮を撫でていた。

ひとしきり何もいないのを確かめると、足元のバケハに視線を落とした。

裏地を見せて床に転がっている。

恐る恐る指でつまんで持ち上げた。

すると、カラン、と何かが床に落ちる音がした。

しゃがんで顔を近づける。

それは人の爪だった。

今度は悲鳴ではなく胃液が込み上げた。

爪は数枚重なった状態で、バラバラにならないよう髪の毛で縛られていた。


翌日、古着店に返金を求めると、すんなりと応じてくれた。

店主は何食わぬ顔で、バケハを店の一番目立つマネキンに被せた。

ハンドミル

ふうらい牡丹

ゴリゴリゴリゴリゴリ。

真夜中、寝室で妻と五歳の息子と寝ていた卓司さんはその音のせいで目を覚ますと、息子がいない。

慌てて妻の肩を叩くと、妻は「なに？」と嫌がりながら目を開け、その音に気づいて訝《いぶか》しげな表情を浮かべた。

二人で寝室を出て、音のするダイニングの方へそろそろと近づき、灯りを点けると息子がキッチンに立って何かしている。

「何してるんだ」

そばへ寄ると、息子は卓司さんの声が聞こえていないかのようにコーヒーのハンドミルを一心不乱に回していた。

ゴリゴリゴリゴリゴリゴリ。

卓司さんは異様な光景に体が固まり、妻と顔を見合わせていたが、妻は先に体が動いたようで息子を抱えて寝室へ向かった。

ミルを片付けようとした卓司さんがトレーを開けてみると、中には何も入っていない。


カラカラカラカラ。


ハンドルを回すと静かな音が響いた。

滅多に使わないハンドミルは普段キッチンの吊戸棚の奥に仕舞っていて息子の手の届くものではなかったそうである。

妻に連れられ寝室に戻った息子はすぐに寝てしまい、翌日になると何も覚えていなかった。

コーヒー豆も置いていなかった家で息子が何を挽いていたのかはいまだにわからない。

ハンドミルはすぐに捨てたという。

ひき逃げ

月の砂漠

Kさんは元神奈川県警の警察官。現役時代は、田舎の交番や所轄署の交通課で「割と、のんびり働いていた」と言うが、一度だけ重大な事件の捜査に関わったことがある。

「ひき逃げだよ。自転車に乗ったお年寄りが、信号無視の車にはねられて死んだの」

Kさんは被害者と遺族の無念を晴らすべく、全力で捜査にあたった。その結果、付近で怪しい車を見たという目撃情報が多数集まり、容疑者はすぐに逮捕された。

「酒酔い運転。まったく、やりきれないよね」

後味の悪さはともかく、事件は無事に解決した。

だが、Kさんは、この事件にどうしてもわからない点があると言う。

「捕まった犯人ね、三人ひいた、って言ったの。お年寄りと幼い姉妹の三人を同時にひいちゃったって。だけど……」

警察がどれだけ調べても、犠牲者はお年寄り一人だけで、幼い姉妹など、どこにもいなかったという。

Kさんは定年退職した今も年に一度、事故現場に供養の花束を三束、手向けている。

モデルハウス

佐藤 健

住宅メーカーに入社して間もない頃のことである。配属されたモデルハウスで玄関の掃除をしていると、下駄箱に塩の袋が置かれているのに気がついた。開封されており袋の半分ほど使われている。

「何に使うんですか？」

先輩に尋ねても誰も教えてくれない。理由がわかったのは数日後のことである。

そのモデルハウスは二階の奥の一室をスタッフルームとして使っていた。玄関にはセンサーが取り付けられており、モデルハウスに来客があるとセンサーが感知してスタッフルームのチャイムが鳴るようになっている。

その日私は、そのスタッフルームで一人、慣れない見積もりの作成に悪戦苦闘していた。確か午前０時頃だったと思う。スタッフルームのチャイムがなった。玄関は勿論、モデルハウス全体の戸締りは済んでいる。鍵を持っているスタッフが忘れ物でもして戻ってきたかと思った。しかし二階には誰も上がってこない。不思議に思って玄関に下りてみると鍵は締まったままである。誰もいない。私が行くと同時にチャイムは鳴りやんだ。

スタッフルームに戻ってしばらくするとまたチャイムが鳴りだした。玄関に下りると誰もいない。何度かそういうことが続いた。放っておくといつまでもチャイムが鳴り続ける。私が玄関に様子を見に行くまでチャイムは鳴り止まないのだ。薄気味悪くて仕事どころではない。その日は結局徹夜となった。

朝、寝不足の私を見て出社してきた先輩がニヤリと笑った。

「昨日は大変だったろう」全て分かっている風である。

「塩使えよ。そのために置いてるんだから」

聞けば、このモデルハウスではよくあることらしい。夜中に一人で仕事をしていると、不思議な〝来客〟があるのだ。昔、打ち合わせ中の客がモデルハウスで急死したからだというものもいれば、ここは以前墓場だったというものもいる。本当の理由は誰も知らない。唯一分かっていることは、玄関に盛り塩をすると何故かチャイムは鳴り止むということである。

その後、一人で残業する機会が数度あったが、同じようにチャイムが鳴った。しかし玄関に盛り塩をするとチャイムはピタリと鳴り止んだ。

三月、四月の繁忙期には他のスタッフの残業も増え、塩の消費も増えた。

塩は概ね半年に一度、新人の私が買い足した。塩を購入した領収書は、月末に本社に提出すると、モデルハウスの管理経費として処理された。

移動

中村 朔

Nさんの母が作る弁当は二段重ねで、一段はおかず、もう一段はいつも決まって真ん中にうめぼしを置いた日の丸ご飯だった。

中学校の昼休み、弁当を開いてまずはうめぼしをつかもうとすると、うめぼしがズズッと白米の中に沈んでいった。いくら白米を掘り返してもうめぼしは見つからなかった。

家に帰ると、高校生の兄が母に弁当を返しながら「うめぼし二つも入れんでいい」と文句を言っていた。

遺影の部屋

安達ヶ原凌

Hさんが子供の頃の話だ。

その日、Hさんの家には法事で親戚達が集まっていた。遠方から来た何人かの親戚はHさんの家に泊まっていくことになっていた。夕食後、大人達は楽しそうにおしゃべりしていたが、当時のHさんにはよくわからない話題ばかりだった。

退屈したHさんは、一人で二階に上がっていった。当時Hさんが住んでいた家の二階には少し変わった部屋があったそうだ。

その部屋は何に使われているというわけでもないのにやたらと広かった。そして仏間というわけでもないのになぜか、Hさんの先祖であろう遺影が飾られていた。長押《なげし》にずらりと並べられた遺影に写る顔はほとんどがHさんの知らないものだった。唯一、祖父の遺影だけが見知った顔だったという。

二階に上がったHさんはその部屋から豆電球のオレンジ色の明かりが漏れていることに気がついた。他の部屋はすべて明かりが点いておらず、遺影が飾られたその部屋だけなぜか明かりが点いていた。

なぜ豆電球が点いているのか不思議に思ったHさんは遺影が並ぶ部屋に足を踏み入れた。

蛍光灯の明かりを点けて部屋の中を見回すが特に変わった様子はない。Hさんはその部屋をすぐには出ず、しばらくとどまっていた。ふと上からの視線を感じて顔を上げた。

すると、遺影に写る祖父の顔と目が合った。その途端、写真の中の祖父が笑った。祖父の口角がぎゅっと持ち上がったのだ。目は笑っていないが口元だけが歯をむいて笑っているように見えた。気が付くと祖父の写真だけでなく、ずらりと並んだ先祖の遺影すべてが祖父と同じようにぎゅっと口角を持ち上げて一斉に笑っていた。それはなんとも気味の悪い笑い方だったという。

恐ろしくなったHさんは大人達がいる一階の部屋に引き返した。

その後、Hさんやその親族の誰かに何か不幸があったり不思議なことが起こったりすることは特になかったそうだ。

この出来事以降、Hさんが先祖の遺影が笑うのを見ることは一度もなかったそうだ。

なぜ遺影が一斉に笑ったのかはよくわからないがとにかく気味が悪かった、とHさんは言っていた。

引き渡し

天堂朱雀

竹田さんは二階建ての一軒家に住んでいる。二階リビングのカーテンを閉める際には、いつも斜め向かいの家が目に入る。そこは平屋のこじんまりとした白い家で、ひび割れたブロックに囲われた、どこか古臭い家であった。

Aさんという老人が一人で住んでいたという。

Aさんは年中カーテンを閉めなかったので、竹田さんの家から室内の様子がよく見えた。昔はリビングでテレビを見続けるAさんの様子が垣間見れていたが、ここ数年は部屋の荷物が減っていき、終いには脚立や工具などが乱雑に置かれているのが目立つようになった。

「Aさんの家って何かあったんですか？」

朝のゴミ出し中、偶然出会ったAさん宅横の住人に興味本位で話を振る。

すると、「住宅の引き渡しでリフォーム進めてるみたいよ」と、知りたかった答えをすぐに提供してくれた。

〝それでか……〟と納得がいき、改めてAさん宅を覗く。

薄汚れてベージュのように変色した室内の壁。その前には十四リットルの白ペンキ缶とローラーが置かれている。突然。ヌッとAさんも現れ、〝今から塗るのか〟と少し眺めていた竹田さんだが、思わず〝えっ〟と小さな声をあげた。Aさんがポケットから赤い油性ペンを取り出すと、唐突に壁に向かって一心不乱に何かを書き殴り始めたからだ。

「漢字っぽい羅列が並んでて、お経？　かなとも思ったけど、詳しくは分かりません」

Aさんは壁一面を赤く書き染めると、すぐさま用意していたペンキでそれを隠すように上塗りしていった。

半年後、無事に家は新しい家主に引き渡された。

平和そうに過ごす住人を、竹田さんは複雑な心境でたまに覗いている。

引っ越しバイト

夕暮怪雨

吉田さんが大学生の頃。先輩の紹介で、引っ越し屋のアルバイトをやることにした。
高校時代にアメフトをしていた吉田さんは、体格と力には自信があった。
他のバイト仲間とも打ち解け、楽しい仕事先だ。

夏休みに入り、連日の引っ越し作業を行うようになった時のこと。
流石の吉田さんも疲れが出始めたことに気づいた。
（そろそろ休みを入れたいな）
そんな考えが浮かび、運搬トラックに乗り込む。
依頼場所は中年の男性が住む家だ。
豪邸での一人暮らしだったが、訳あって引っ越すことになったと聞いていた。
けれど吉田さんに理由など関係はない。黙々と作業を行うだけだ。
段取りよく進めていき、残りは小さな段ボールが一つ。
仕事仲間は既にトラックに待機している。
部屋に取り残された、小さな段ボールをヒョイと持ち上げようとする。

しかし、こんな小さな物が持ち上がらない。押しても引いても動かない。

疲れからでは絶対にない。

その場所から離れたくない——そんな感情を段ボールの中から感じた。

吉田さんは依頼人に「一体何が入ってるのですか？」と問うと、苦笑いしながら箱を開けてくれた。

中には位牌がいくつも入っていた。

結局、箱はそのままで良いと言われ、吉田さん達はトラックに乗り、依頼人の引越し先へ向かったそうだ。

その後、人づてで、あの土地が先祖代々受け継がれた場所だったことを知る。

何をしていた

天神山

Aさんは毎晩、マンションの和室に布団を敷いて寝ている。

ある夜中、枕元で何かがゴソゴソと動く気配があった。

起き上がって電気を点けると、一本の人の腕が、肘を曲げたり伸ばしたりしながら襖《ふすま》の方へ這って行くところだった。大きなしゃくとり虫みたいな動きだったという。

腕は自分で襖を開け、部屋の外へ出て行った。

花冠

天堂朱雀

Kさんが小学生の頃の話。

遠足先での昼休み中、先生に花冠《はなかんむり》の作り方を教えてもらった。

翌週。

好きな子が一人で帰っているところを狙い、後ろからソッと近づくと、その頭に作ってきた花冠をポンと乗せて走り去った。

週明け。

その子の反応を楽しみに待っていたが、それからその子は学校に来なくなった。

小学生の時は分からなかったが、今ではその理由が分かるという。

「ダメだったんだろうなって。交差点に置いてあった花で冠を作ったのが」

関係性

猫科狸

白井さんが仕事を終えて車で帰る道の途中、住宅街沿いの狭い道にマンホールがあった。

何処でも見かける、何の変哲もないマンホール。

何時頃からかは分からないが、そのマンホールの表面にふっくらと、顔が浮き出ているのを見かけるようになった。

最初、その顔に気が付かずに車で上を通過してしまった時には、心臓が飛び出そうなほど驚き慌てふためいた。急いで停めた車から降りてマンホールを確認するが、何も無い。

何かを轢いた感覚もなければ、そもそも開いてもいないマンホールから顔が出ているわけがないことに気が付いた。

背筋が寒くなるのを感じながらその場を去ったのだが、それから何度もその場所で同じ顔を見るようになっていた。その顔は、何の感情も感じ取れない表情で何処かを眺めていた。

家に帰るためにはこの道を必ず通らなければならない。怖くて、憂鬱だった。

しかし、それも見慣れてくるとあまり怖く感じなくなってくる。顔を見たからといって特に何か恐ろしいことが起こるわけでもない。ただそこに存在しているだけである。

やがて白井さんは、気にすることなくマンホールの顔をタイヤで踏みつけて通るようになっていた。

ある日の帰り道、マンホールから出ている顔を見ると、目は崩れ、皮膚は所々べろりと剥げており、傷だらけでぐちゃぐちゃになっていた。

毎日車に轢かれてるからなのかな、と少し胸を痛めながら傷だらけの顔を見ているうちに、妙なことに気付いた。

顔が友人の顔に見えるのだ。

何故か友人に良からぬことが起きると感じ、すぐに連絡をしたのだが友人は体調、近況ともに変わりはない様子だった。

「何かあるかも知れないから気を付けて」

と白井さんは友人へ助言した。


「先日その友人が車に轢かれて亡くなったとの連絡がありました。僕はあのマンホールから出た友人の顔をずっと轢いていたんです。何度も何度も何度も。関係ない、有り得ないとは分かっています。ただ、誰かに話さないと気分が晴れなくて。今はもうあのマンホールで顔を見かけることはありません」

今もずっと心に蟠《わだかま》りがあるのだという。

岩に浮かぶ

月の砂漠

十五年ほど前の春。群馬県内に住むカツミさんは、隣町にあるO山まで、一人で気ままなハイキングへと出掛けた。七分咲きの桜に風情を感じながら、山道をのんびり歩いていると、突然、体調が悪くなってきた。

カツミさんは昔から霊感が強いタイプで、子どもの頃は、交通事故の多い交差点に行くと必ず頭痛と吐き気がしていた。その時の嫌な感覚に似ていた。

おそるおそる周囲を見回すと、ひと抱えほどの岩があった。その岩を見つめていると、岩肌に、苦悶の表情を浮かべた中年女性の顔がくっきりと浮かんできた。

目をこすり、もう一度、岩に目を向ける。女の顔は消えていた。穴が三つあれば顔に見えるというから、今のは気のせいだと自分に言い聞かせ、そそくさと下山した。

それから数日後。地元テレビのニュースにO山が映った。昨冬、O山で行方不明になっていた女性の遺体が見つかったというニュースだった。テレビ画面が、不幸な死を遂げたその女性の顔写真に切り替わる。それを見て、カツミさんは愕然とした。

女性の顔は、あの日、岩に浮かんでいた顔と瓜二つだった。

女性はクマに襲われたらしく、遺体の顔はグチャグチャに潰されていたという。

期間限定

天堂朱雀

Mさんの職場にいる男性上司の話である。

上司は四十代半ばの独身男性。元々の容姿は整っている方だが、お洒落には無頓着。半年に一回ほど放置して伸びきった髪をバッサリと切るタイプの人であった。
乱雑に短髪にされた髪の毛は〝ピン、ピン〟と好き勝手な方向に飛び跳ね、それを抑えるためにジェルで塗り固められるベタベタの髪が女子社員からは不評であった。

そして、その時期、Mさんだけに見えるモノがあった。
ジェルで直しきれなかった跳ねた髪の毛。それを、彼の後頭部と側頭部から白い腕が十本ほど伸び出て、クルリと弧を描いて頭の上から押さえているのである。
「その腕が花びらみたいでね。白い大きな乱菊に見えて好きなんですよ、あれ。髪が伸びて落ち着くと消えちゃうんですけど」

半年に一度、期間限定で見られる怪異だという。

気ままな母

緒音百

誠さんは観光地を散策中、「まーくん！」と自分を呼ぶ声に振り向いた。アルバムの写真でしか見たことのない若い頃の母親が、派手なワンピース姿で笑いかけてくる。

え？　どういう状況？　と戸惑いながらも、親しみが言葉を先導して「母さん。なんでこんな場所にいるの？」と尋ねてしまった。

「私も旅行中なのよ。偶然ねぇ。まーくん、ソフトクリーム食べたいでしょ？」

亡き父ならば「食べたいのはお前だろ」と突っ込むところだが、ここに父はいない。いるのは知らない男性だった。彼はにこやかにソフトクリームを二つ、買ってくれた。

「まーくん、太ったわねぇ。その年齢になったら健康診断は毎年受けなきゃダメよ」

母の小言に頷いて、早くも溶け始めたソフトクリームを急いで口に詰め込み、べたついた手をウェットティッシュで拭《ふ》き終えてから「ていうか母さんって――」と話し掛けようとしたとき、母も、男性の姿もすでに消えていた。

その日は母の命日でも何でもなかった。

「一応気になって健康診断を受けたんですけど、結果は問題ありませんでした。母の霊だとすれば思わせぶりですよね……」と岸さんは苦笑いをした。

気を抜くな

おがぴー

孝子さんがお気に入りだった美容師さんの話である。

「僕ねぇ、気を抜くと霊に憑かれるんですよ～」

カット中の何気ない会話である。

「え？　そうなんですか？」

心霊好きな孝子さんも笑って返す。

「この前もうっかり気を抜いちゃったら、道路にフラフラっと行っちゃって～」

他の通行人が止めてくれなかったら轢かれていただろうと店主は笑う。

「ええっ、それはガチに危ないじゃないですか」

笑い事ではないだろうと孝子さんは驚いたが、

「学生時代からそうよねぇ」

共同経営の奥様も笑って会話に参加してきた。

「一番ヤバかったのって、仲間とバーベキューしていた時にコンロに突っ込んで！」

これも仲間が止めたから大事に至らなかった。

「だからいつも気を入れてるんですよ～」と店主は笑った。

それから間もなく店主は行方不明になった。そして更に一ヶ月が経過した頃に、かなり遠方の……本人も奥様も知らない土地で保護された。

「元カノの生家だったみたい」とだけ孝子さんは聞いた。

今は誰も住んでいない空き家でどうやって暮らしていたのか、その記憶はないと店主は笑わずに語ったそうだ。

議事録

佐々木ざぼ

　某役場に勤務する畠山さんは、ＡＩ議事録作成ツールで書き起こされた文章の修正作業にとりかかろうとしていた。「年末年始の窓口対応」に関する音声データの要約で、畠山さんが文章を眺めていると、全編にわたり「だいじょうぶ」という文字が混入していることに気がついた。

　会議には畠山さんも参加していたが、誰かが「だいじょうぶ」と繰り返し言ったような記憶はない。発音や環境によるＡＩツールの誤認識はあり得るが、覚えのない語句が幾度もテキスト化されるというのは不可解に思えた。

　畠山さんは音声データを冒頭から聞くことにしたが、開会の挨拶から閉会するまで「だいじょうぶ」という発言は一度も確認できなかった。

　何が大丈夫なのだろうかと考えていると、音声データが終わる寸前、イヤホンの奥から「呪いが叶ったから、だいじょうぶ」という陰気な女の声が聞こえてきた。

　当日の会議は男性ばかりで、女性の出席者はなかったそうだ。

吸い込む

井上回転

Tさんは小学生のころ、放課後に友達とサッカーをして遊ぶのが恒例だったそうだ。

ある夕方、いつも通り、Tさんは友達とサッカーをして遊んでいた。

もうすぐゴール、という手前でいつもより力が入ってしまい、蹴ったボールはそのままあらぬ方向へ飛ぶと、そのまま、ちょうど蓋の開いていた側溝にはまってしまった。

Tさんが蹴ったので、ルールとしては相手チームからゲームは再開される。そのため、ボールを取りに行ったのはTさんではなく、相手チームのKさんだった。

Kさんは、早くゲームを再開したいという気持ちもあってか、小走りになって側溝へと向かった。そして側溝へと手を伸ばした、そのときだった。

ぐん、とKさんの身体が側溝へ吸い込まれたのである。

慌てたTさんたちがKさんの様子を見に行くと、Kさんは頭・肩・膝から流血して気絶していたそうだ。

あとになってKさんから話を聞くと、Kさんは怯えた調子でそのときのことを語った。

Kさんが側溝にはまったボールを取ろうと手を伸ばしたとき、そのボールを反対側から掴む手が現れたのだという。

手はそのまま強引にボールを引っ張り、その勢いに巻き込まれて、Ｋさんは側溝に倒れる形となったのである。

「ボールは側溝のかなり奥にまで入ってしまっていたんです。その時は大人の人にその部分の蓋を外して取ってもらったんですけど、当然ですが側溝には人の入れるような空間はなくて。思えば、なんであの部分だけ側溝が外れていたのか、とか、色々と不思議の残る出来事でしたね」

今でもその公園は実在するという。

ヘアピンカーブ

丸山政也

会社員のTさんは以前、マイカー通勤のためにつづら折りの峠道を使っていたそうだ。そのときのこと——。

朝、会社に向けて車を走らせていると、自分の前に白いセダン車が走っている。その当時で発売からすでに三十年以上は経っていると思われる古めかしい車種だった。高齢者だろうか。

法定速度の半分ほどの速さなので、いらついたTさんはすぐ後ろにつけて追い越しをかけようとしていた。が、ヘアピンカーブの続く峠道とあって、なかなか追い越すタイミングがない。

こんな速度で走っていたら会社に遅刻してしまう。

すると、何回目かのカーブを曲がったとき——。

それまで前を走っていた車がいない。

脇道はないのだから、突然消えてしまう理由がない。もしかしたらガードレールを突き破って崖下に落ちてしまったのではないかと思ったが、そのような様子もなかった。

そこからは速度を戻して、なんとか会社には遅刻せずにすんだが、あの車はいったいどこへ消えてしまったのか、気になってその日は一日仕事が手につかなかった。

その後はしばらくなにも起きなかったが、半年のうちに三度、まったく同じ体験をしたそうである。

件の話を地元の友人にもしてみると、やはりそのカーブ道で同様の経験を何度かしたことがあるとのことだった。だが不思議なことに、友人が目撃したのは毎回紺色の軽自動車だったという。

境目

牛抱せん夏

娘が盲腸で入院している。

身の回りの世話をしていると、看護師が夕食を運んできたので、そろそろ帰ろうと病室を出てトイレに入った。用を足し、廊下へ出ると——誰もいない。夕食の香りも消えている。娘の病室からトイレまでは一直線で、迷いようがない。なぜか左右すべての病室の扉が開いていて、煌々と灯りが点いている。各部屋すべてに老人がひとりずつベッドに座って空を見つめている。その中の一部屋から、お経を唱える声が聞こえてきた。その低い響きは次第に大きさを増していく。恐る恐る中を覗くと、ガリガリにやせ細った老人がこちらをじっと見つめていた。

踵《きびす》を返して娘の病室を目指す。

扉を開けると娘は「遅かったね」と食後のデザートを食べていた。

廊下に顔を出すと、ふだんどおりの景色があるばかりだった。

文鳥

黒木あるじ

仁美さんが朝起きると、部屋の隅に吊るしている鳥籠のなかで白い文鳥が鳴いていた。

そんなはずはなかった。

鳥籠は薄緑に塗られたインテリア用のアンティークで、一度も鳥を入れたことなどない。そもそも籠の入り口は留め具で施錠されており、外から侵入できるはずもないのだ。

文鳥は三日ほど囀《さえず》り続けていたが、四日めの朝、水入れに頭を突っこんだ状態で死んでいたという。

セルフ

Coco

昨今、新型コロナウイルスの影響もあってか、店員のいないセルフレジやセルフ販売店が急激に増加した。この話もセルフの飲食店で体験したというものである。

某飲食店は店員が常時不在で、店内に設置されている自動販売機や、冷蔵ショーケースに入っている食品をそばの箱にお金を入れて購入し、みずから備え付けの器具で調理するというスタイルのお店だった。

人付き合いが苦手だった山田さんは、店員との注文のやり取りも億劫に感じ、この店を愛用していた。

深夜一時ごろだった。店外から三十代のOL風の女性が食事をしているのが目に入った。今入れば少し気まずい空間になるだろうと思いながらも、空腹には勝てず入店した。

なにを食べようかと考えながら店内を見渡したとき、咄嗟《とっさ》にウッと声をあげてしまった。モクモクと白い湯気の立ったラーメンの器に、女性が顔をうずめながらびちゃびちゃと音をたてながら食べている。熱々のスープに顔が浸かっていたように見えた。お腹を限界まで空かせた獣のような食べ方だったという。

山田さんに気づいたその女性は、スープまみれの火照った顔で、彼をジッと見つめた後、手の甲で顔を拭《ぬぐ》うような仕草を見せた。目の焦点は合っていなかった。

食欲が失せた山田さんはそそくさと店を後にしたという。

山田さんいわく、あれは狐が化けたものに違いない、とのことである。

どこいくの

牛抱せん夏

ともだちとふたり、公園の砂場でどちらが深く穴を掘ることができるか競争をしていた。

「どこいくの?」

後ろから声をかけられふり向くと、よく遊んでくれる近所の大学生のお兄ちゃんだ。

これから出かける予定もなく、砂場で遊んでいるだけだった。

するとまた「どこいくの」と言う。

「どこへもいかないよね」と、ともだちと顔を見合わせてもう一度ふり向くと、お兄ちゃんの姿がない。気になって公園から彼の住むアパートへ向かった。

いつも表から「遊ぼう」と声をかけると窓を開けてジュースやお菓子をくれる。中を覗くと姿が見えたので、開けて入ると、お兄ちゃんは首を吊っていた。

お巡りさんたちから、「この部屋のお兄さん、本当にさっき公園に来たの?」と何度も同じ質問をされた。

ぼくたちはその都度頷いた。一週間近くも前に死んでいたんだって。

運転席

丸山政也

　Nさんが家電量販店の駐車場に車を停めていると、すぐ斜め前に駐車されている車に見覚えがあり、おやっと思った。珍しい車種で、年式やカラー、ナンバープレートを見ても、仕事上で付き合いのあるKさんの車に間違いなかった。

　さては買い物でもしているのかと思ったが、よく見るとKさんは座席に座っていて、こちらのことを見ているようだった。すぐに手を振ってみたが、相手はにこやかに笑っているものの、手を振り返すとか窓を開けることもなく、なぜか同じ姿勢でじっと座っている。不審に思いながら車を降り、Kさんの車のほうに向かってみた。運転席の横からなかを覗くと、どうしたわけか誰も座っていない。助手席にも後部座席にもひとの姿はなかった。そんな莫迦《ばか》な、見間違いだったのかと首を捻《ひね》りながら店内に入ってみると、果たしてKさんはひとりで買い物をしていて、挨拶と少し立ち話をして別れた。

　ところが、その数週間後、Kさんは大動脈解離で倒れ、急に亡くなってしまった。

　葬儀に訪れたとき、祭壇のうえに思わぬものを見て、Nさんは言葉を失った。アロハシャツを着て、にこやかに微笑む遺影。それは三年前にハワイ旅行で撮影した写真とのことだったが、あの日、運転席に座っていたKさんの姿そのものだったからだという。

あいつの味

黒木あるじ

登山を趣味にしている同級生が、山で帰らぬ人となった。

葬儀後、彼の母親に「学生時代いちばん仲良しだったから、形見にもらってあげて」と大きめのリュックサックを渡された。聞けば、最後の登頂で使用していたものだという。

断るのもなんだか憚《はばか》られ、ありがたく受けとって自宅に飾ることにした。

以来、米を炊くと毎回なぜか芯が残ってしまう。

そういえば同級生は「高山は気圧の所為で沸点が低いんだ」と言っていたっけ——。

「あいつ、まだこっちに居るのかな」と思いつつ、今日も硬い米をもそもそと食べる。

美味くはないが、気分はそれほど悪くない。

自慢話

Coco

大学の飲み会で居酒屋に集まっていた。

席の斜め向かいには、やたら騒がしい二十代後半と思われる四人組の男性がいた。

その一人が悪酔いしているのか、下品な笑い声を上げながら気弱そうな連れの男性にちょっかいを出している。

そのうち、悪酔いしている男が武勇伝を語り始めた。

俺の父親は政治家だとか、妹はすごく美人でモデルなんだとか、そんなことを大声で言いふらしている。

私は知っていた。彼の言っていることが全部嘘だということを。

あの顔は忘れもしない、昔よく遊んでもらった近所のお兄さんだった。

彼が家を留守にしている間に、火事で彼以外の家族全員が焼死している。

事実を受け入れられず幻想の世界で生きているのか、彼にだけなにかが視《み》えているのか、それは分からない。

ただ、昔のあの優しい笑顔はなく、終始虚ろな目で家族の話をしていた。

怖い話を聞いてきたんだよ

鷲羽大介

一昨日《おととい》さあ、怪談師のトークイベントに行って、すっごい怖い話を聞いてきたんだよ。

中学で一緒のクラスだったがその後まったく交流のなかった男から、二十年ぶりにかかってきた電話は、挨拶もなしに開口一番そう始まり、気味の悪い話を一方的にまくしたてると、別れの挨拶もなく切られた。

その話のオチは、父親が霊能者を馬鹿にしたせいで幼い娘が溺れて死ぬ、というものだった。

昨日、五歳になる俺の娘が用水路で溺れて死んだことを、あいつは知らないはずだ。

ただ、俺は霊能者なんて会ったことも見たこともない。

ガラスのテーブル

牛抱せん夏

とあるフィリピンパブでボーイをしていた男性の話だ。

その店には、ドアを入ってすぐのところに大きなガラステーブルが設置されている。

キャストたちは来客があるまではそこで待機をすることになっている。

ある日、開店準備をしていると、悲鳴が聞こえた。どうやら女の子たちが揉めているようだ。喧嘩でもしているのかと慌てて見にいくと、ひとりのキャストが髪をふり乱しながら躰《からだ》をうねらせている。まわりが止めようとしてもふり払って叫び声をあげる。

男性スタッフ数人で押さえつけると、彼女はガラステーブルを指さし、

「小さい女の子がこっち見てる！」

そう言って金切り声をあげた。と同時にガラステーブルは真ん中からバキッと音を立てて割れた。キャストは糸が切れたようにフッと意識を失った。

手紙

丸山政也

普段Fさんはあまり夢を見ないだが、ひと頃同じ夢ばかりを見たという。

それは彼が三十年前の中学生時代に戻っているというものだ。

そこにひとりの女子生徒が登場する。なぜか顔に紗《しゃ》が掛かっているのだが、全体の雰囲気やその声から、当時——中学の三年間、自分が好意を寄せていた女性だと感じる。

学校近くの河原の土手をふたりは肩を寄せ合いながら歩いている。空は夕焼けで赤く染まり、河川敷のグラウンドを駆け回る子どもたちの声が聞こえてくる。

眼を閉じながら、これは夢なのだとFさんは感じる。なぜなら一方的に想いを寄せていただけで、現実にふたりきりで歩いたことなど一度もなかったからだ。

半覚半睡の状態だが、Fさんは懐かしく甘酸っぱい気持ちでいっぱいになり、夢の続きを見たくて寝返りながら再び枕に頭を沈める。

と、そのとき、少女が鞄のなかに手を入れて、

「これ読んでほしい。でも今は駄目。家に帰ってから開けてほしいの——」

そういって封筒に入った手紙を一通、Fさんに渡してくる。

胸の高鳴りが激しくなってそこで完全に目覚めてしまい、夢の続きを見ようと思っても

二度寝することはできないのだそうだ。

毎日ではないが、そんな夢を繰り返し見ていたのでさすがに奇妙に思った。どうして毎回同じところで終わってしまうのか。もどかしさもあるが、なによりも不思議でならなかった。

そんな頃、旅先で入った居酒屋で中学時代の友人と偶会した。そのとき、酒の勢いで夢の話をしてみると、

「その夢に出てくるお前が好きだったのって、Y美だろ。まさか、お前知らなかったのか」

一年ほど前にY美は子宮頸がんで亡くなっている、というのだった。

日頃から連絡を取り合う中学時代の友人はいなかったし、SNSでも誰ひとり繋がっていなかったので、Fさんはそのことをまったく知らずにいたのである。

「夢の話なんですけどね。渡された手紙になんて書いてあるのか気になって仕方がないんです。でも、読んでしまったらヤバいような気もして――」

亡くなったことを聞いて以降、なぜか一切その夢は見なくなったそうだが、

「今度もし見てしまったら、手紙を開けるところまでいっちゃうかもしれませんね」

複雑な表情を浮かべながら、Fさんはそう語った。

上を向いて

黒木あるじ

その日、彼女は某駅のホームで電車を待っていた。

「快速が当駅を通過します。黄色い線までお下がりください」

アナウンスがヘッドホン越しに聞こえた。

「あ、風圧をモロに浴びたら、髪が乱れるかも」と一歩後退し、なにげなく顔を伏せる。

と——視界の端に細かい傷だらけの革靴が見えた。靴の主は前方へずんずん進んでいく。

電車の轟音がせまり、警笛が響く。それでも革靴が止まる気配はない。

え、待って。これって電車に飛びこ——。

思わず顔をあげる。

誰もいない。快速電車がすさまじい勢いでホームを通過して、髪を激しく舞いあげた。


いまも彼女は、その駅を頻繁に利用している。

快速が通過する際は、天井に視線を向けて〈見ないようにする〉癖がついてしまった。

最近、電車を待つ客のうち数名が不自然な方向を眺めていることに気がついた。彼女とおなじく上を凝視する男性。自販機を正面から睨む若者。ぎゅっと目を瞑《つむ》っている女性。

ああ、あの人たちも目撃してしまったんだろうな。
もしかしたら〈その瞬間〉も見ちゃったのかもな。
もちろん彼らに訊ねるつもりはない。答えなど知らないほうが幸せだと思う。
だから彼女は、今日もホームの天井を見あげている。

踏切の女

Coco

もう四十年以上も前の話。鹿児島の桜島が目の前に広がる某海水浴場へ続く道、海岸沿いの踏切での出来事だった。

その日は雨が一日中降り続き、まだ夕方四時だというのに薄暗かった。私は車でバンド仲間の飯倉君を乗せて次回のライブ予定の会場へ下見に行く途中だった。

踏切で一旦停止した時に、そのすぐ脇道で傘も差さずにびしょ濡れで佇んでいるパジャマ姿の女性がいた。後ろを向いていて顔は見えない。

「どうしたんだろうネ、あの人？　声掛けてみよっか……」

飯倉君とそう話していると、遮断機が開き後ろの車にクラクションを鳴らされ、急いでそのままライブハウスへ向かった。

夜七時には無事に打ち合わせも終わり、二人ともびしょ濡れの女性のこともすっかり忘れて、来た道と同じ海岸沿いを帰った。

降り続く雨のなか、またあの踏切に捕まった。

後ろには後続車もなかった。ふと脇道を見た飯倉君が言った。

「おいおい、嘘だろ、もう三時間近く経つのにまだあの女うずくまってるぞ！」

その言葉を聞いて、私も視線を向けた瞬間。女性がこっちを振り向いた。この世の者とは思えないほど青ざめた血の気のない顔だった。

遮断機が開くと同時に車を勢いよく発進させた。二人ともしばらく会話もできず走り続けた。すると、飯倉君が「あれは、幽霊だよね……」とポツリ。私も頷くことしかできず震えていた。飯倉君は私よりもっと震えていた。

今日のことはお互いに忘れよう、そう言ってその日は別れた。

翌朝、飯倉君から慌てた声で電話がきた。とにかく新聞を見てみろという。新聞には海水浴場のすぐ近くから女性の水死体が発見された。そんな記事が書かれていた。

踏切の女がいた場所とほぼ同じだった。あの女性は自殺を思い悩んでいたんだろう。最後の最後に、必死に死ぬのを踏ん張って、誰かに声を掛けられるのを待っていたのかもしれない。もしも、あの時に声を掛けていたら……。そう飯倉君に伝えると。

「死の間際の人間にあんな満面の笑みができるか?」

飯倉君は震える声で言った。

あの女が振り向いた瞬間、飯倉君には笑っているように見えたという。

末期の水

鷲羽大介

姫奈さんはお祖父《じい》ちゃんっ子だった。末の孫だった姫奈さんは、ひいちゃん、ひいちゃんとたいへん可愛がられ、お祖父ちゃんが病に倒れてからは、車椅子を押して散歩しながら、お祖父ちゃんの故郷である秋田県の話をいろいろ聞かせてもらった。

お祖父ちゃんはそのうち車椅子での散歩もできなくなり、ベッドに寝たきりになって一ヶ月後、家族に見守られながら安らかに亡くなった。姫奈さんは心から泣いた。

お通夜とお葬式は葬祭会館で営まれることになり、姫奈さんとご両親は家族控室に泊まる。遠くから来た親族の対応に追われ、すっかり疲れた姫奈さんは喪服のまま座卓にもたれてうたた寝をしていた。

姫奈さんの眼の前に、にこにこ笑ったお祖父ちゃんが、車椅子に乗ってやってきた。

ひいちゃん、じいじにお水持ってきて。喉がかわいたよ。

姫奈さんがびっくりして起き上がると、お祖父ちゃんの姿はなかった。うたた寝しているうちに夢を見たのだろう、と思って姫奈さんはお祖父ちゃんのところへ行った。

お父さんと、お祖父ちゃんの妹さん、つまり姫奈さんから見た大叔母さんがあれこれと昔の話をしている。さっき見た夢の話をすると、大叔母さんは血相を変えた。

ひめちゃん、あんたよく教えてくれたね。あんたたちが知らないのはしょうがないけど、うちの田舎では、お通夜の晩は仏さんに、新しい水を取り替え取り替えしてあげなくちゃいけないいんだよ。兄ちゃんごめんね、今お水あげるからね。

大叔母さんは、湯呑みに水道の水を汲むと、祭壇に供えた。

それから、夜が明けてお葬式を執り行い、出棺するまで、姫奈さんがお祖父ちゃんのお水を用意する係になったそうだ。

つい先日一周忌を迎えたが、姫奈さんは、自宅の仏壇にお水をあげるのを欠かしたことはない。

配送

牛抱せん夏

二十年ほど前にトラックドライバーの男性が体験した話である。

成田空港から荷物を積み込んで、途中の高速サービスエリアで休憩し、朝七時に関西空港に届けるというのがルーティンになっている。長年この仕事をしているせいか色んな業者の顔見知りができて、会社が別でも同じルートを走るドライバーとはよくコミュニケーションをとっていた。

サービスエリアではだいたい夜の十一時から三時頃まで仮眠をとる。すると関空に七時に着くという計算だ。

その日も食事をとってから横になっていた。二時頃だろうか。コンコンとドアを叩かれた。眠たい目をこすりながらカーテンを開けて見下ろすと、顔見知りのドライバーが、手で「窓ガラスを下ろせ」と合図をしている。

「どうした?」

「この先、数キロ行った所で事故してるから、早めに出ないと渋滞に巻き込まれるよ」

そう教えてくれた。

「ありがとう。支度して出るわ」

「気をつけて」

知り合いのドライバーはすぐに別のトラックの方へ行って、同じようにドアをノックしていた。急ぎの荷物を持っているドライバーたちが次々に、サービスエリアを出発していく。

やがて事故現場にさしかかった。一台のトラックが横転していて、運転席が潰れている。通過しようと真横についた時だった。背筋のあたりにヒヤッとするものを感じた。

見覚えがある。これは……さきほど起こしてくれたドライバーのトラックだった。

思い返してみれば、なぜここで事故が起こっていることを知っていたのだろう。その上、無線で連絡できるのに彼は必死に一台ずつ、わざわざ歩いて回って知らせていたではないか。

自分のせいで到着が遅れてしまったら申しわけないと思ったのかもしれない。

その時サービスエリアにいた顔見知りのドライバーたちは皆、彼に起こされて、遅れることなく無事に関空に荷物を送り届けたという。

蔵

丸山政也

五十年ほど前、Dさんの自宅の近所に江戸末期か明治期に造られたとおぼしい蔵が建っていたが、半分ほど剥がれ落ちた土壁から、どう見ても白い髪の毛としか思えないものが一束生えていて、それが風にたなびいていたそうだ。

そんな頃、その家の老夫婦が蔵のなかで相次いで亡くなるということがあった。病死か自殺なのかは、当時子どもだったので、はっきりとしたことは知らされなかった。

ところが最近になって、一緒に住む小学生の孫が、近くのコンビニの壁から白い髪の毛がたくさん生えていて、それが風でそよそよと揺れているというのだった。

それを聞いたとたん、昔のことを思い出して、ひとりで見に行ってみたが、孫のいうようなものは店の外壁のどこにも見当たらなかった。

蔵は現在コンビニになっている、まさにその場所に建っていたという。

さだめなりけり

黒木あるじ

今年で産婦人科になって四十年経ちますけど、産まれたばかりの赤ん坊が泣きもせずに「ひとつうまれてふたつしぬ」と、大人の声で言ったのには驚きましたよ。

ええ、さすがにその一度だけです。ですから、かなり印象に残っていましてね。母子の名前をなんとなく憶えていたんです。

一昨年、母親が子供と心中した事件――そのときの母子と同姓同名だったんですよね。偶然だと思うようにしています。そうでも考えないと、もう白衣を着る気になれなくて。

ペット

Coco

田中さんの家は昔からペットをたくさん飼っていた。母親は子どものことよりもペットの世話を優先するような人だったから、田中さんは母を取られたような気がして物凄く嫌だったという。

母の異常とも思えるペット愛を疑問に思うこともあった。家族には簡単な食事しか用意しないのに、ペットには高価な肉などを与える。そのことに泣きながら反発したこともあったが、気のせいよ、の一言で済まされた。

特に嫌だったのはペットの名前だった。「文子」「茂」という、まるで人につけるような名前で、友達の前でペットを呼ぶのも恥ずかしかったそうだ。

母方の祖母が亡くなってから、まもなくのことだった。

学校から帰ってくると、祖母の死で塞ぎ込みがちだった母の嬉しそうな声が聞こえた。

居間に行ってみると小さい仔猫を抱いた母の姿があった。

「ほぉら、幸子だよ」

満面の笑みでこちらに見せてくる母に鳥肌が立った。

幸子は亡き祖母の名前だった。

仔猫の表情や仕草が、どことなく祖母にそっくりな気がした。

亡き祖母のことも大好きだったし、仔猫も人懐っこかったが、祖母の名前を呼びながら溺愛する母が気持ち悪く思えて、田中さんはどうしてもその仔猫を可愛がれなかったそうである。

きらきらした音

鷲羽大介

怪談というのは基本的に聞き書きの一種であり、文学的装飾や凝った比喩は使いにくい性質がある。話者が語った以上の情報を盛り込むのは反則だ。

このお話についても、伝えられる情報に限りがあることをお含みおきの上、お読みいただきたい。

弘樹さんが幼い頃の夜、窓の外が妙に明るい気がして、開けてみた。

空には下弦の月といくつかの星、そして明らかに星よりも光の強い、複数の発行体が輝いていた。それはゆっくりと動いていて、しかしその光るものたちの位置関係は変わらない。ちょうど「動く星座」のようだった、と弘樹さんは語る。

そして、それが見えている間、きらきらという音が聞こえていたそうだ。

「きらきら」という音、と言われても、私には正直ぴんとこなかった。金属音なのか、ガラスの砕けるような音なのか、それともハープのような音なのか。エレキギターの音だって、私にはきらきらと聞こえることもある。

どんな音だったのか、もう少し詳しく聞かせてください。私は食い下がったが、弘樹さんは「とにかく、きらきらした音としか表現できないんです」と繰り返すばかりだ。

われわれ怪談作家の限界はここにあるのだ、と私はこのとき痛感した。

話者が表現できないものは、私たちも書くことができないのである。

その「動く星座」は、見ている間ずっときらきらした音を立てていたが、弘樹さんが目をそらして視界から消えると、その音も止んだ。そしてまた窓の外に目をやっても、動く星座はもうどこにもなかったそうだ。

ダッシュ

牛抱せん夏

千葉県から修学旅行で京都にやってきた。

宿泊する旅館では六人部屋の和室に割りふられた。さっそく荷物を中に運びこもうと戸を開けると、ベランダをこどもが勢いよく走っていった。

「あら？　同じ階に私たち以外にも泊まっているひと、いるんだね」

ベランダを走っていくのは危ないよね、とクラスメイトと一緒に窓を開けると、花のプランターが置けるほどの狭さで、歩ける場所はなかった。今、走ったのはなんだったんだろうと皆で顔を見合わせた。

その時のできごとを、中学校の教師になった私は授業中に生徒たちに話していた。受け持っている三年生が、間もなく修学旅行で京都を訪れる予定だ。

「部屋の戸を開けたら、こどもが――」

途中で視界の隅でなにかが動いた。

教室のベランダを黒い影が勢いよく走っていった。

屋上

丸山政也

　Kさんは子どもの頃、郊外の団地に住んでいたが、暇さえあれば外に出ていって屋上のほうを見上げながら人が飛び降りてくる妄想を抱いていたそうだ。なぜそんなことを好んだのか今となっては覚えていないが、毎日のようにしていたそうである。

　中学校を卒業するのと同時に団地から引っ越してしまったので、妙な日課はそれきり途絶え、以降はそんな妄想をすることはなくなった。

　ところが、Kさんが二十二歳になったとき、親友の母親が件の団地の屋上から飛び降り自殺を図った。

　親友一家は団地には住んでおらず、自宅はそこから二十キロは離れているので、なぜわざわざ遠くの団地に来て飛び降りたのか不思議でならなかった。また自分が子どもの頃に見ていた妄想が現実になってしまったことに慄然《りつぜん》とした。

　考えてみれば、そんな妄想をしていることをかつて親友に告げていたかもしれず、親友が母親にそのことを話して深層心理の裡に自殺場所としてイメージを植え付けてしまったのかもしれなかった。そう思うと罪の意識に苛《さいな》まれたが、一番首を捻ったのは、屋上は固く何重にも施錠されており、絶対に人は上がれないようになっていたことだという。

白馬のホテル

丸山政也

七年前のことだという。

埼玉県に住むIさんは、当時交際していた恋人と北アルプス山麓に位置する信州の白馬村へ旅行に出掛けた。

Iさんは幼い頃にスキーを習っていたので、冬の白馬は家族と何度も訪れたことがあった。夏も過ごしやすく人気のスポットだと知ってはいたが、忙しかったこともあり、なかなか訪ねることができなかった。

ホテルにチェックインし、部屋の鍵を開けた、その瞬間。開いたドアの隙間から五、六歳ほどの男児が飛び出してきた。すると男児は立ち止まり、Iさんに向かって、にいっ、と歯の抜けた顔で笑みを浮かべた。茫然と立ち尽くすふたりの間をすり抜けるように走り、声を掛けるまもなく廊下の向こうに見えなくなってしまった。

部屋を間違えてしまったのかもしれない。そう思い、ドアを開けてみたが、なかは整然としていて、誰かが使っているような形跡はない。すぐにフロントに戻って事のあらましを伝えたが、部屋番号と鍵は間違っていないといわれた。だが、子どもが出てきたのはたしかである。従業員もなぜそのようなことが起きたのか不可解そうであったが、すぐに部屋を変えてもらうことができた。

翌朝、朝食をとるため階下のレストランに行くと、例の男児が店の端のテーブルの椅子に腰掛けながらこちらを見ている。うえの前歯が二本とも抜け、満面の笑顔で座る男児は、昨日の子どもに間違いなかった。そのテーブルのほうにIさんが近づいていくと、男児は立ち上がり、また脇をすり抜けるようにして店の外に走り去ってしまった。いったい、あの子どもはなんなのだろう。だが、子どもの顔にどこか見憶えがある気がしてならなかった。

あれはたしか——。

スキーを習っていたとき、白馬に来るといつも遊んでいた地元の子どもたちが何人かいたことを思い出した。あの子はそのうちのひとりによく似ている。いや、似ているなどというレベルではない。あの子そのものだったが、名前は思い出すことができなかった。しかし彼らは自分と同い歳ほどだったのだから、皆とっくに成人しているはずなのだ。

そそくさと朝食を済ますと、部屋に戻ってすぐにチェックアウトの準備に取り掛かった。フロントで手続きを済ませ、車を停めた駐車場に向かう。ふと振り返ったとき、ホテルの部屋の一室から、あの男児がこちらに向かってゆっくりと手を振っているのが見えた。口元が動いているので、なにかいっているようだったが、聞き取ることはできなかった。

それはIさんたちが泊まっていた、三階の東端の部屋だった。

おばちゃん

牛抱せん夏

美保さん本人はまったく憶えていないという。

大学を卒業して独り暮らしをはじめる前日になって、両親から唐突に聞かされた。

彼女がまだ幼かった頃、母親の姉が亡くなった。借金を苦にした自殺だったらしい。

通夜と葬式が終わった数日後、美保さんは父親の膝の上でお菓子を食べていた。

すると突然、窓の外を見つめて指をさした。

「ママ、京都のおばちゃんが来るよ。おばちゃんにもお茶淹れてあげて」

「なに言うてんねや?」

「もうそこまで来てるから、ママ、早くお茶淹れてあげて」

父親は驚いて、膝の上に乗せていた我が子を突き飛ばしてしまったほどだ。

その日を境に美保さんは、真夜中になると毎晩目を覚ましては、

「おばちゃんがくる。おばちゃんがお墓から出てくる。こわい」

そう言って怯えるようになった。

近々海水浴へいく予定を立てているのだが、こんな状況で娘を海へ近づけるべきではな

いのではないだろうかと両親は心配した。

知り合いに霊能者やその類のひとはいない。

そこで近所の内科に連れていって医者に相談すると、

「むしろ連れていった方が良いですよ。海水は塩ですし、清められるでしょう」

拍子抜けしてしまったが、考えすぎもよくないと考え、予定通り海へ出かけた。

美保さんは海水に浸かると、はるか遠くを見つめて「おばちゃん、さようなら」と手をふった。

その日から「おばちゃん」と口にすることはなくなったどころか、おばさんの存在自体もすっかり忘れていたという。

ヘルメット

丸山政也

「幽霊の話？　そげなもんはねえけど、わけがわからんいうような不思議だったことはあるな」

そうSさんは語る。

四十年ほど前のこと。

温泉地へと向かう地元民しか知らないような道をSさんが歩いていると、一台の中型のオートバイがガードレール脇に転倒していた。

すわ事故かとライダーを探すが道路のうえには見当たらない。まさかと思い、崖下を覗いてみると、青いレザーを着た男性らしきひとが、ずっと下の斜面に投げ出されたように横たわっている。

大丈夫ですかッ、と何度も大声で呼び掛けるが、ぴくりとも反応がない。

ガードレールを跨いで斜面を下りていくと、途中にあごの部分がないジェット型の白いヘルメットが落ちていた。それを手に取ったとき、妙な重さを感じ、とたんに厭な予感に襲われた。

ヘルメットのシールドの下にふたつの瞳。かッと見開かれた、それでいてなんともいえず虚《うつ》ろな双眸《そうぼう》がこちらを見つめている。

思わず、ひいッ、と叫んでヘルメットから手を離し、無我夢中で斜面を駆け上がった。

その足で村の交番に行き、自分が見たものを詳《つまび》らかに説明した。

すぐに警察官と共に現場へ向かったが、「おい君、話が違うぞ」という。

ライダーはすでに事切れていたが、首は離れてなどおらず、顔は血まみれだが、ちゃんと胴体についているというのだった。

ヘルメットの中には何もなかったそうである。

軽自動車

のっぺらぼう

山梨県に在住のSさんは深夜、タバコを吸いに家を出た。

玄関の外で夜風にあたりながら一服していると、自宅の駐車場が目に入った。

そこに軽自動車が三台駐まっている。だが、Sさんの家の車は二台しかないはずだった。

他人が勝手に駐めているのだろうか、不審に思いSさんは確認するために近づいた。

「自家用車が一台。仕事用のワンボックスカーが一台。隣は……」

車ではなかった。

軽自動車と見紛うほどの巨大な猪が尻を向けてモゾモゾと動いていたという。

さながら「もののけ姫」に登場する「乙事主《おっことぬし》」のようだったと語る。

Sさんはそのまま音を立てぬよう静かに自宅に戻り、扉を閉めたという。

隙間に

井上回転

Yさんが高校生の頃、地元でも有名な怖い先輩のバイクを冗談半分で乗り回し、その末に事故を起こしてしまったことがあるそうだ。

幸いにも怪我人は出なかったが、そのことがバレるや否や、その先輩に半殺しにされんばかりの勢いで追い回されたのだという。

Yさんはしばらくの間、友人の家に匿《かくま》ってもらっていたそうではあるが、とうとう友人の家にまでその先輩がやってきた。

Yさんは這《ほ》う這うの体で友人の家の窓から逃げ出したが、その先で待ち構えていた先輩のツレに見つかってしまい、追いかけられたのだ。

Yさんは仕方がなく、その場から逃げ出した。

曲がり角を抜けて路上に飛び出す。そのとき、Yさんの視界に裏路地への入り口が入ってきた。

しめた、裏路地に入れば追手を撒くことができる。

そう考えたYさんは、藁にもすがる思いで、ビルとビルの合間に身体を滑りこませようとした。

——が、できなかった。

そこには、ぐちゃぐちゃに身体のねじ曲がった女性が挟まっていたのだという。

「何かの事故でそこに挟まったとか、そういう感じじゃなくて。ほら、街灯の近くに生えた木が、そのまま街灯を飲み込むように育つことがあるでしょう？　そんな感じで。まるでそこにあったビルとビルの狭い隙間に強引に育っちゃったみたいな」

Yさんは結局、その路地裏には入れず追いつかれてしまい、ぼこぼこにされてしまったそうだ。

嫌な音

中村 朔

Yさんの家におかしな電話がかかってくるようになった。

無言で、「コン」と何かを叩く音が、こちらが電話を切るまで等間隔に続く。どことなく、聞いていて嫌な気分になる音だった。電話は昼夜問わずかかってきて、留守番電話にして避けるわけにもいかなかった。

しばらく経ったころに法事があり、留守番電話に収まった音をお坊さんに聞かせたところ、「これは卒塔婆を叩く音やな」と言われた。死と縁のある音だからあまり聞くと良くない。もしも聞いてしまったら、人の声など生き物の立てる音を聞くと良い、という。それでバランスが取れるということだった。

電話はそれからもかかってきた。頭にきたYさんはお坊さんの言葉を思い出し、受話器をあげたままアダルトビデオの音声を大音量で聞かせた。「あんたなんしよんか」と母親に頭を叩かれたが、電話はそれ以来かかってこなくなったという。

見守り隊

碧絃

同僚の真希さんが、小学生の頃のこと。

登校時には学校の前にある横断歩道に、見守り隊の人たちが立っていた。先生や保護者もいたが、一番に「おはよう」と声をかけてくれるのは、真っ赤なベストを着た、見守り隊のおじいさんだ。

いつもはおじいさんが先に挨拶をしてくれるが、その日は自分から「おはよう」と言った。

おじいさんは驚いたように目を大きくした後、にこにこと笑っている。喜んでくれているようだ。

その時、後ろから「おはよう、真希ちゃん」と女性の声がした。担任の先生だった。

「お地蔵様にまで挨拶をするなんて、偉いねぇ」

そう言いながら先生は頭を撫でる。

先生は何を言っているのだろうか。お地蔵様ではなく、おじいさんに挨拶をしたのだ。

真希さんは振り向いた。すると、そこにおじいさんの姿はなく、代わりに赤い前掛けをつけたお地蔵様が立っている。

——こんな所にお地蔵様があったんだ。

お地蔵様に挨拶をしたと先生が勘違いした理由は分かったが、辺りを見まわしても、やはりおじいさんの姿はない。早く帰ったようだ。

これからは自分から挨拶をしよう。そう考えながら学校へ向かった真希さんだったが、次の日から、おじいさんは横断歩道に来なくなってしまった。理由は分からない。

ただ、別に寂しくはなかったのだという。学校の前では会わなくなってしまったが、家の周りで、赤いベストを着たおじいさんを見かけるようになったからだ。

何度か話しかけようとしたが、すぐに姿を見失ってしまうので、いまだに話せていないのだという。

玄関先の童女

おがぴー

菅原さんの父親は戦争体験者である。

昭和が終わる頃、父親の一番の親友が亡くなった。

「娘がね。遊びに来るんだ」と言い出して七日目に、戦友は逝った。

(戦争で亡くしたお嬢さんがお迎えに来たのだろうか)

そんなことを考えながら父親が親友の葬儀から帰ると、玄関先に童女がいた。着ている服はボロボロであり、所々に焦げ跡があった。

「この子は……」

不思議とその童女の正体がわかった。妹だ。空襲で亡くなったと聞いていた。

手を取って「入るか?」と聞くと童女は首を振って、そのままスーッと消えた。


月日は流れて、平成の頃。

「妹が遊びに来るんだよ」と言い出して七日目に、菅原さんの父親は逝った。

父親の葬儀から帰ると、玄関先に童女がいた。着ている服は真っ黒で、見慣れない洋装だった。

この時に、父親の体験談を思い出した菅原さんは「この子は？」と思い返してみたが、誰一人思い当たる人がいない。童女は菅原さんに微笑みながらスーッと消えた。

菅原さんはそれからも度々童女を玄関先で見かけた。その度に「あと一週間で死ぬのかなぁ」と恐々としたそうだが、一向にその気配は無い。

「多分、家の中に入ってきたらお終いだね」

その時は連絡をくれる事になっている。

五寸釘

雨森れに

K小学校の近くの大きな公園には浅い川があり、水遊びをする子供が多かった。
ある夏、カナさんが友達と水遊びをしていると、足の裏に激痛が走った。
小石を強く踏んだ感覚に近く、そっと足を持ち上げると、五寸釘があった。
足裏がどくどくと脈を打ち、水に血の帯が流れる。
慌てて川から出たが、出血は増して地面に滴り落ちた。

傷は大きく、病院で四針も縫うことになる。
経過は最悪で、医師が首を傾げるほど膿み続けた。
カナさんは、饐《す》えた臭いとじくじくとした痛みに四六時中苛まれた。
しかし、足の切断かと思われた症状が、急に回復の兆しを見せた。

この時、公園が一時的に立ち入り禁止になっていた。
丑の刻参りをしていた女が、首を括《くく》っていたそうだ。

綱引き

月の砂漠

三十代の主婦である美佐さんは小学生の頃、奇妙な「綱引き」の夢を見たという。

綱の片側には、美佐さんと兄、妹、両親の計五人。反対側には、当時亡くなったばかりの祖母が一人だけ。この構図で、綱引きが始まったのだ。

五対一なのに、美佐さん一家はぐいぐいと引っ張られていく。祖母は、生前穏やかな人だったのに、鬼のような形相をしていた。美佐さんは歯を食い縛り、なんとか耐え、かろうじて逆転勝ちを手にした。前のめりに倒れた祖母は顔を真っ赤にして悔しがっていた。

そこで美佐さんはハッと目を覚ました。なんだかあたりが焦げくさい。匂いをたどって、和室に行ってみると、畳が真っ赤にメラメラと燃えていた。

美佐さんは両親ときょうだいを叩き起こし、火の手が回る前に、かろうじて全員無事に避難できた。和室にあった祖母の仏壇のろうそくが、出火の原因だったという。

「偶然かも知れないけれど、おばあちゃんが私たちをあの世に引っ張ろうとしていたように思えてしまって。でも、そんなことをする理由はないはずですし……」

美佐さんは自問自答するようにつぶやいた。なお、この火事の際、祖母の遺影も位牌も遺品も全て燃えてしまい、消し炭さえ残っていなかったという。

斎場

ふうらい牡丹

終電で寝過ごし、自宅から遠く離れた駅で降りた勇也さんは、その駅の近くに住む友人に電話して泊めてもらうことにした。

なんとなく覚えている友人の家までの道を歩いていると、明るい白い灯りが歩道に漏れている大きな建物が目に入った。

近づくと、賑やかな笑い声が聞こえる。

前を通るときはむしろ騒がしく感じるほどだった。

ガラス張りの一階には蛍光灯が煌々と光り、中には大勢の人がいた。

皆、喪服だった。

看板は見当たらないが斎場らしい。

そして何が面白いのか皆で大きな笑い声を上げている。

(やけに楽しそうな葬式だな)

通り過ぎても背後から喧騒が響いていた。

友人の家に着いてその話をすると、近くで斎場など見たことがないと言う。

勇也さんも看板を見たわけではないので斎場かどうかは断定できず、普通の飲食店で亡くなった人のお別れ会をしていたのかもしれないと思ったという。

翌朝、友人の家を出て昨晩通った道を歩き、その建物の前を通るとガラス張りの室内は荒れていて廃墟にしか見えない空間が広がっていた。

調べると、何年も前に閉業した斎場だったそうだ。

削がれる

猫科狸

実家へ帰省していた大野さんが川に向かって歩いていると、通りすがりの車から声をかけられた。

「いくぞー！」

驚いてその車を見ると、開いた窓から知らない男性が笑顔で手を振っている。

気味が悪く、気分が削がれたため実家に戻ることにした。

先ほどの話を聞かせようと母へ声をかけると、

「あんた、何処に行ってきたの？　あんなに慌てて急に飛び出して」

と怪訝な顔をされた。

思い返すと何故、川に向かっていたのかも分からなければ、いつの間に外に出ていたのかも分からない。

なんとなく顔を上げると、飾られている曽祖父の写真が目に入った。

それは車から声をかけてきた男性の顔だったという。

晒し首

のっぺらぼう

Rさんが友人宅へ向かう途中、ある住宅の裏手に細長い鉄の柱が屋根の上から三分の一ほど覗かせていたという。

柱の先端部にはマネキンだろうか、人間の頭部が突き刺さっている。

悪趣味なイタズラだと思いながらもRさんはそのマネキンに釘付けになっていた。

縮れ毛で短髪の中年男性の頭だと判った。だが、何故か顔だけモザイクがかかったように確認することが出来なかったという。

ふと、首の切断面がべったりと紅いことに気が付いた。Rさんは見てはいけないものを見たと感じ、その場を足早に去った。

後日、Rさんが同じ家の前を通ると、首も柱も消えて無くなっていた。

気になって家の裏側に周ると、空き地の草むらに無縁仏が五つ並んでいたという。

自撮り

鍋島子豚

　二十代の女性、早坂さんは旅先のホテルに着いて早々に、ベッドを背景に自撮り写真を撮ることにしている。心配性の母へ、無事宿泊先に到着したことを知らせるためである。

　メッセージアプリを開きつつ撮った画像を見返すと、違和感を覚える。

　入室したばかりの部屋は整然としており、ベッドカバーには皺一つ見当たらない。しかしスマホの画面に写るベッドは誰かが寝転んだように皺だらけで、中央には薄黄色の染みが座布団ほどの大きさに拡がっていた。気味が悪くなり、写真は消した。

　早坂さんの記憶違い、で済みそうな話ではある。

　ただ、念のためにフロントへ電話をかけた際、スタッフの第一声が「ああ、お部屋の変更ですね?」だったことが、いまでも心に引っかかっているそうだ。

車ピザ

緒方さそり

冬の朝、金子さんは普段通り、自宅から車で会社に向かった。

通勤路の国道を走る。

今朝は未明から明け方に掛けて、少し雪が降った。

沿道には、薄っすらと雪が積もっている。

一方、車道の雪は、行き交う車両に踏み潰され、水状に溶けて路面を濡らし、所々で凍結してアイスバーン化している。

冬道に備え、金子さんの車はスタッドレスタイヤに交換してある。更に法定速度より若干徐行し、安全運転を心掛けた。

なのに突然、急激にタイヤがスリップし、車体が独楽《こま》の様にスピンした。

「うわぁっ⁉」

渦巻く視界と、遠心力の重圧に、金子さんは思わず悲鳴を上げた。シートベルトを締めていなければ、フロントガラスに投げ出されていただろう。

車体は左向きに二回転しながら路肩へと外れ、左前部のバンパーをガードレールに打ち付け停止した。その衝突箇所が凹んだだけの自損事故で、幸い誰も巻き込まず、金子さんにも怪我は無かった。

事故の一部始終を目撃した後続車も、路肩に停まった。金子さんが車から降りると、後続車の運転手の男性も降りて来た。

男性は金子さんの無事を見て安堵し、それから奇妙な目撃証言を語った。

曰く、金子さんの車がスピンする直前、その車体の下に、巨大な手が一瞬現れ、車の底部をクルンと回したのだという。

まるでピザ生地を回す手付きで。

それで自分の車は突然スピンしたのだと、金子さんは奇妙ながら合点がいった。

その様子が映っていればと、すぐに男性の車のドラレコ本体で再生視聴を試みたが、男性の車のドラレコは何故か記録データが破損し、肝心の証拠映像は消失していた。

結局、金子さんの事故は、自損事故として処理された。

小包

ムーンハイツ

話者：二十代インドネシア人女性（ジャワ島在住・イスラム教徒）

家族六人で一軒家に住んでるんですが、同時期に全員が原因不明の病気になったことがあって。全身が異常に痒くなったり、歯がズキズキ痛んだり。何か悪いモノが家に憑いたんじゃないかってことで、お世話になってるイスラム教の先生を自宅に呼んで祈祷してもらいました。その先生はお祓いもできる方でしたから。

祈祷中、一階の姉の部屋から、何か物が落ちたような音が聞こえました。急いでその部屋を調べましたが、落ちた物は見当たりません。先生からは、ベッドがある位置の床下を調べるよう言われました。その床下から、白い布の小包が見つかったんです。布には、釘、トウモロコシの皮、カミソリの刃、毛髪を一塊にしたものが六セット包まれてました。家族の人数分です。見た途端、吐き気を催しましたね。

ちなみにこの白い布、本来はイスラム教徒の遺体を包むために使われるものでした。その後は先生が小包ごと処分してくださり、全身の痒みと歯痛は徐々に治まっていきました。

父親の事業が好調ですので、それを妬んだ同業者が小包を仕込んで呪いをかけたに違いありません。

上京

豫座州長

四十年以上前の話。

月原さんは東京の大学に合格して上京した。

自分で探すのが面倒くさかったので、学生課から斡旋されたアパートに入居することにしたのだが、建物の前までやってきて、月原さんは頭を抱えた。

もしかしたら戦前からあるのではないかと思えるような、ボロボロな建物だったのだ。

部屋に入ってみると畳は比較的きれいだったが、唯一の収納である引き戸の押入れは、戸の半分が釘で頑丈に打ちとめられ開けられない。内部も大きな板で仕切られ、半分しか使えない状態にしてある。

異様さを感じたが、今更新しい下宿を探すのも手間なので、仕方なくその部屋で暮らしはじめた月原さんだったが、そのうちに夢をみるようになった。

浴衣姿でぼさぼさの白髪頭の痩せこけた老婆が四つん這いで部屋の中をうろついた挙句、使用不能になっている押入れの前で姿を消すという夢だ。

元々、月原さんは怪談っぽい話はあまり信じていない方だったので、上京、初めての一人暮らし、ボロいアパートといった環境の変化がストレスになってこのような夢を見ているのだと考えていた。

しかし、梅雨の頃になっても夢は続いていた。それに加えて、彼がひとりで部屋にいると、押入れの開けられない方から、かりかりと何かを引っ掻くような小さな音がすることもあった。

大学のサークル仲間に相談すると、それなら一度その押入れを開けてみようやということになり、数日後、彼は釘抜きをもって月原さんのアパートにやってきた。

桟に打たれた釘を引き抜き、ふたりで戸を取り外す。

押入れの中には古ぼけた柳行李《やなぎこうり》がひとつぽつんと置かれていた。

懐中電灯の光に浮かぶ、表面にべたべたと貼られた何枚もの御札を見た時、月原さんは何がなんでも引っ越しすることを決意した。

「その柳行李の中身は確認しなかったんですか」

と尋ねると、月原さんは首を振りながら、

「いや、見てるのさえ嫌だったのに、触ったり開けたりするわけないでしょう」

親父が遺したもの

鬼志 仁

T君の父親は、まだ六十代だったのに、急病で亡くなった。

一人暮らしだったので、遺品整理のために、T君は実家を訪れた。

「カセットテープが大量に出て来てね。親父が大学生だった頃、心霊スポットを探検した時の音声を記録したものだったんだ」

数十本あるテープのうち、一本だけ、ケースに「×」が付けられていた。気になったT君は、一緒に見つかったラジカセで再生してみた。

「場所はどこかの森の中にある聞いたことのない心霊スポット。でも最後までテープを聞いたら、血の気が引いたよ」

以下、テープの再生音である（声はT君の父親）。

「（走る音）……ハアハアハア……マジでヤバい……あそこは、ホンモノだった……ハアハアハア……どうすりゃいいんだ！　……男の子が生まれたら……どうすれば……マジ、ヤバい……」

T君は今年で三十歳になるが、今のところ無事である。

図書館の怪

墓場少年

ある日、Sさんは図書館で怪談本を読んでいた。

しばらく読み進めていると、本の間に髪の毛が一本挟まっていた。

特に気にせず手で払ったが、次のページに再び髪が挟まっていた。誰もが触れる公共の本とはいえ、あまり気持ちの良いものではない。

Sさんは本を逆さに持ち、バサバサと振った。

髪が落ちたかどうか視認は出来なかったが、まあこれで大丈夫だろうと読書に戻った。

作中では、Sさんもよく知っている地方の実話怪談が始まった。

興味津々の内容に没頭する中、紙面にはらりと長い髪が一本降ってきた。反射的に顔を上げたが、近くに人の姿は無く、天井にぶら下がっている蛍光灯が見えただけだった。

視線を戻すと、本を持つ手に長い髪が何本も絡みついていた。びくりとして椅子を後方に引いたSさんは、手についた髪を振り落とした。

白い床に髪が舞い落ちる。しかし、今落ちた髪がどれなのかわからない。

まるで散髪した後のように、Sさんを中心に無数の髪が黒い渦を形成していた。

遠く離れた席で、女性の短い悲鳴が聞こえた。
その女性も、Sさんと同じように手についた何かを振り払う仕草をしていた。

吹き戻し

天堂朱雀

近所にあるOさん宅。一軒家の駐車場に植えてあるシマトネリコの木の落ち葉が、近隣住民を悩ませていることをOさんは知らない。髪先が少し揺れる程度の風で、ホロリ、ホロリと落ちて舞う葉。地面に落ち広がった葉はそのまま放置され続け、気づけば音も無く近所に侵入を果たす。

Yさん宅の玄関前には、飛んできた落ち葉が乱雑な薄いカーペットのように並び待つ。Yさんはそれを「やれやれ」と跨いで進むと、Oさん宅向かいのKさん宅が目に入る。Kさん宅は正面向かいということもあって、落ち葉の被害を一番に受けていた。立派な外車が停まる大きな車庫つきの一軒家だが、風に流され積もった落ち葉のせいで、いやに雑然に映る。それを横目に毎朝、「ご愁傷様」と心中思いながら出勤するのがYさんの日課となっていた。

そんなある日。Yさんは、いつもより少し早めに帰宅した日があった。日が暮れ出し始め、薄暗くなった室内で電気をつける前に、リビングのカーテンを引こうと窓際に立った時だった。

Kさん宅の奥さんが自宅の車庫で一人蹲《うずくま》っているのが目に入った。

辺りはもう薄暗い。こんな時間に何を――。

カーテンを閉める手を止め、代わりに身を屈めて、その様子を見守る。

奥さんの右手が小刻みに、何か印のようなものを結んだように見えた。

次の瞬間にはぎこちなく立ち上がったかと思うと、スッと振り返る。腕の中には、Oさん宅の落ち葉が大事そうに抱えられていた。

Yさんはさらに身を屈めるが、奥さんは恍惚した表情でこちらに気づきそうな様子もない。そのままOさん宅の駐車場まで進むと、抱えていた落ち葉に「フーッ」と息を吹きかけ、それらをOさん宅に〝戻した〟。わずか数分の出来事であった。

それから木は徐々に枯れ始め、Oさん宅の主人は車椅子生活になったという。

睡眠アプリ

おがぴー

恵美さんが家庭の事情もあって転職した直後の話である。

「おかしいなぁ……やけに眠い」

寝付きが悪いわけでも中途覚醒があるわけでもない。

「まさか無呼吸なんてことは……」

医療に詳しい友人にイビキも含めた酸欠の可能性も示唆された恵美さんは、試しに睡眠アプリを使ってみることにした。

「どれどれ」

それは睡眠中の寝息を録音して眠りの質などを分析するのだそうだ。

「無呼吸ではなさそうだけど……」

無呼吸を示す忠告は出ていなかったが、逆に《活動》を示す記録があった。

「トイレには起きてないわよねぇ?」

その時間の音声を再生してみる。

健やかな寝息。良かったイビキをかいていない。安堵していた時である。

「おかえりなさい」

と自分の声。思わず笑った。

何の夢を見ているのだろうかと。でも……。

「鈴木君、死んじゃったよ」

と野太い声がした。

「死んじゃったの？」

再度の自分の声。普通に会話をしている。

「死んじゃっタァよ」

野太い声だったが、タァのところだけが自分の声だった。

鈴木という名字の知人は結構いるが、恵美さんは不思議と故郷の旧友を思い出していた。

暫くして旧友の訃報が入った。以来、恵美さんの日中の異常な眠気も解消した。

正論の怪

乙日

　これこれ、とMさんが見せてくれたのは、なんの変哲もない写真だった。「鈴ヶ森刑場、知ってますよね。しながわ水族館に行った帰りに寄って。まさか自分が本物の心霊写真を撮るなんて。驚きですよ」

　十月初旬の夕暮れだったという。空はまだ青く明るい。バイクも人も通る二本の細い道に挟まれた、中州のような場所。そこに「東京都史蹟　鈴ヶ森刑場遺跡」と筆文字で記された柱のようなものが立っている。それをやや遠景から撮った写真である。「でね」とMさんはスマホの画面を二本の指で拡大した。赤い光の点が現れる。どんどん拡大される。うわっ。自分でも大袈裟な声が出た。

　火である。それも人面の火。生首の火である。いくつあるのか。一、二、三……九つ。全部で九つの生首の火が空中に舞っていた。ひとつひとつの表情の違いも見て取れる。九つの火をつなぐと「ユ」とも「ス」とも読めそうだ。

「プロの写真家に見てもらったんです、二人に。こんな写真撮れないって。だから、心霊写真で間違いないと思うんですけど」というMさんの語気がどんどん曇ってくる。撮れた嬉しさに会う人会う人見せたところ「やばいですよ」「呪われるんじゃないですか」「写真を消してお祓いに行きなさい」と、さんざん言われる。

さらに「火もそうだけど、その後ろ、すごい形相でこちらを睨んでいる人がいる、そっちの方が危険」と脅されて、すっかり嫌気がさしてしまったという。

「心霊写真は動物写真と同じですよ。たまたま撮れてしまった。それだけ。動物写真家なら、身を危険に晒しても、良い写真を撮ろうとする。星野道夫なんかも、それでヒグマに襲われて死んだわけだし。心霊写真家も魔所に踏み込んで祟られる。ぼくはそうじゃない。例えば、ダイオウイカとマッコウクジラが格闘して絡み合って海中に沈む瞬間をたまたま撮った。それだけです。偶然の目撃者を、ダイオウイカとマッコウクジラが襲いに来ると思いますか」

理屈としてはわかる。しかし、偶然の撮影者に障る不条理こそが心霊写真の心髄である。しかも鈴ヶ森刑場。処刑された二十万もの死者の無念が渦巻く場所である。それに星野道夫は動物写真家ではない。そう言おうとした私の口から思いがけない言葉が飛び出た。

「ダイオウイカ、襲いに来ますよ」

「え？　来る？」意外な反論に顔を凍りつかせるMさん。

「ダイオウイカが？」

来ます、来ます、と繰り返す私は、どんな力に促されて言っているのか自分でもわからなかった。

疎ましい人

高崎十八番

少年時代にAさんは、徳島県の山奥にポツリと建っている甘味処へ、祖母に連れられて行ったという。祖母はAさんに、「狸に化かされないように」と、小さなお守りを渡した。俗に言うAさんは霊感体質で、普通の人が視えないモノが、否応無く視えていたからだ。

祖母が甘味処の店主と会話に花を咲かせている最中、Aさんは一匹の狸が草叢《くさむら》から顔を覗かせ、此方を見つめているのが分かった。Aさんと目が合った狸は山奥へと逃げて行く。すかさずAさんはその後を追った。すると道中、何者かに後ろから背中を勢いよく押された。Aさんは、そのまま足を踏み外し崖下へ滑落、片目部分をひどくぶつけた。眉あたりの肉が裂けてしまい、溢れんばかりに出血し、目は焼けるようにヒリヒリと痛む。Aさんは、大きな声で助けを呼び、待つことしか出来なかったそうだ。

数時間後、救助隊員が駆けつけ、病院に搬送されたAさんだったが、片目は失明してしまい、二度と光を視ることはなかった。

祖母曰く、「向こうの住人からすれば、視えているAが疎ましく感じていたのかもしれないね」と、Aさんが成人してから、当時のことを振り返り語ってくれたという。

祖母の家

筆者

那智さんの家の敷地に、かつて祖母が一人で住んでいた家がある。

祖母は那智さんが五歳の頃に他界した。それっきりその家は無人のままの筈なのだが、何故か時々家の中から人のいる気配がしたり、閉め切った雨戸から光が漏れ出ていることがあるという。

その都度、「誰かいるよ」と家族に言いにいくが、返事はいつも同じで、「おばあちゃんが帰ってるんでしょ」と言うばかりだ。

ある時、祖母の家の玄関のドアが開けっぱなしになっていた。両親のどちらかが中にいるものだと思い、玄関の上がり框《かまち》の辺りで「誰かいるの？」と声を掛けるも返事はない。

やがてそれを見付けて駆け寄って来た母が、那智さんに思いっきりの平手打ちを食らわせ、「もう二度と入らないで！」と叱りつけた。

後日、玄関ドアにはガムテームで目貼りがされていた。

以降も祖母の家からは人の気配がしたり、灯りが洩れていたりしたのだが、近年謎の出火で全焼し、今はもう跡形も無くなっているという。

素質

中村朔

Sさんには行きつけのバーがある。訪れる頻度は月に数回だが、たまにバーのママに呼び出されて店に行くことがある。呼び出されたときはカウンターの端っこの席に案内され、ご飯もおかずもひと口サイズの、ままごとのようなお膳を食べさせられる。それが行われるのは、ママや常連客と縁が深い人の忌日であるという。

「他の人じゃいかんの。あんたは前世でも同じことしとったから、素質があるの」

ママの言葉に他の常連客も、うんうん、と頷き、「同じこと、とは何？」と訊いても教えてくれないのだそうだ。

送れない写真

筆者

フォトグラファーのミナさんは、知人の頼みでその方の娘さんを撮ることとなった。

どうやらその娘さん、先天的な病で感情というものがまるで無いらしく、カメラを向けても全く表情を変えなかった。

ミナさんは一通りの撮影を終え、後でデータを送りますという約束をして家に帰った。

知人曰く、写真の選別はしなくても良いからミスショットも含めて全部欲しいとのことだったので、ミナさんはその通り中身も確認せずにデータを送信した。

だがデータは送れない。何故か何度トライしても誤送信となってしまう。何がおかしいのかを探れば、そのフォルダがあまりにも容量が大きく、受け付けてもらえてないらしい。

あらためてフォルダの中身を確認する。するとその中の一枚だけが、何故か異常なほどのバイト数になっていた。

果たしてこの写真には何が――？　思って開けば、あれほど無表情だった筈の知人の娘さんが、不思議なことにその一枚の写真だけ、にこやかに笑っていたのだ。

データは、その一枚を除けば無事に送信が出来た。だがその残った一枚は、未だ知人に見せることが出来ずにいる。

痴漢対策

おがぴー

千絵は高校生の頃によく痴漢を撃退した。

「鞄にはマチ針を仕込んでましたね。痴漢が触ってきたら刺さるように！」

思いがけない反撃に痴漢は怯んで行為を止めるので、このアイデアは効果的だった。


(嫌だなぁ……)

ある下校時の電車内。こちらを見てニヤニヤしながら近づいてくるスーツ姿の男がいた。

千絵がマチ針仕込みの鞄でスカートをガードしていると、男は大胆にも手を伸ばしてきた。

(とっ捕まえてやる！)

咄嗟に男の腕を掴もうとする千絵。しかし——

スルッ！　千絵の手は捕らえたはずの男の手をすり抜けた。

「えっ!?」

驚いて男を見ると、男の下卑な笑い顔が反時計回りにグニャ〜と回転していき、そのまま古いゲームの縮小機能のように縮んで消えた。

「きゃあー」

千絵が我に返ったのは、視線の先の席に座っていた女性客の悲鳴がしたから。

「男男男！　消えた！　消えた！」

同じ言葉を連呼する女性の言葉で、千絵は今の現象が幻覚や白昼夢の類いではないと認識出来たのだそうだ。

長い廊下がある家

宿屋ヒルベルト

ふと気づくと、知らない家の玄関の土間に立っていた。

足下に視線を落とすと、黒い革靴が何足も何足も、ぐじゃっと脱ぎ捨ててある。十以上はあっただろうか。そして自分も黒い靴を履いていて、喪服を着ていることに気づく。

そうだ、俺はこの家に葬式に呼ばれたんだった。

そう思いだした瞬間、家の奥から数人の男女が爆笑する妙に明るい声が聞こえてきた。誘われるように、靴を脱いで三和土を上がる。薄暗い廊下がまっすぐ続いていて、その先に閉まったドアがあった。笑い声はそこから漏れているようだった。

なんだか、はやるような気持ちになって廊下を早足で進んだ。そして、ドアを開けると。

なぜかまた、玄関に立っている自分に気づいた。

足下の靴が、一足増えているような気がした。この靴、全部サイズが同じだ。あれ？ 俺、誰の葬式に来たんだっけ。

違和感を覚えたとたん、家の奥から「じゃあ、今日はいいけど」という、男とも女ともつかない妙に甲高い声が聞こえて——桜庭さんは病室で目を覚ました。

バイクの事故で病院に運ばれ、二日間も昏睡状態にあったという。

男同士

のっぺらぼう

Iさんは大学生の時、アパートで一人暮らしをしていた。

就寝中、隣から人の気配を感じたという。

「一緒に寝てもいいですか?」

耳元で低い男の声にそう囁かれた。

全身に鳥肌が立った。Iさんは誰もいない部屋に向かって夢中で罵詈雑言《ばりぞうごん》を吐くと気配は消えていったという。

二つの意味で気味が悪かったと顔を歪ませた。

熱唱おじさん

宿屋ヒルベルト

三年ほど前の話だそうだ。津原さんのアパートの前を、毎晩九時頃、大声で熱唱しながら自転車で通り過ぎていくおじさんがいた。

最初は「うるせえな」と思っていたが、おじさんの朗々としたバリトンはなかなか聞きごたえがあり（少し、布施明さんに似ていたという）、歌っているのも知らない歌だったがキャッチーなメロディラインが好みで、そのうちに生活音として馴染みおじさんも歌もちょっと好きになっていたという。気になって聞き取れた歌詞で検索してみたが出てこなかったので、オリジナルソングなのかな？　などと思っていたそうだ。

ある時、思い立って窓を開けておじさんの後ろ姿に声をかけた。

「歌めっちゃうまいっすね！」

おじさんは自転車を停め、こちらを振り返って照れくさそうに笑った。

「その曲、自作ですか？」

津原さんが尋ねるとおじさんは、

「そのうち分かるよ！」

とだけ言って、自転車で夜の帳に消えて行った。それきり、おじさんはアパートの前を通らなくなった。

それから二年くらいして、津原さんはコンビニの有線であのおじさんの曲が流れているのを聞いた。一緒にいた友人に聞くと、深夜アニメの主題歌で大流行している歌だという。調べたが、その年の春にリリースされたばかりの曲でカバーではなく、そしてボーカルの相方である作詞作曲者はもちろん、おじさんとは似ても似つかない人物だった。

未来のヒットソングを歌っていたあのおじさんは、津原さんにとって忘れられないアイドルになったという。

鼻血を出しているお母さん

春日線香

樹里さんは遅く帰宅して入浴中、仕事の疲れから湯船でうとうとしながら、ふとシャワーヘッドを掛けてあるあたりに目をやった。

（ん……？）

そこには、実家にいるはずの母親の顔が宙に浮かび、鼻からたらたらと血を流していた。

（ああ、お母さんだ）

ぼんやりとそう思って、次の瞬間に異常さに気づいて悲鳴を上げそうになった。しかしその時にはもう顔は影も形もない。

うわ、わたし相当疲れてるんだな。

ベッドに入る前に念のため実家に電話をかけたところ、出たのは当の母親本人。身体の不調や変わったことはないかと訊ねてみても「そんな歳じゃないわよ」と笑うばかりだった。


後日、実家で飼っている犬が二匹、庭で互いの首を噛み切って死んでしまったのだが、入浴中に見たあの顔と関係があるのかどうか。凶事の前触れだったのではないか、と樹里さんはいまだに不安になる。

病院でコックリさん

鬼志 仁

まだ昭和と呼ばれていた時代、小学生だった友人のS君は、交通事故で大学病院に入院した。

三階の四人部屋に同年代の男の子ばかり三人だったので、すぐに仲良くなり、毎日が楽しかったという。

「当時流行っていたコックリさんをやろうということになってね」

S君のベッドに皆が集まり、文字盤の上の十円玉にS君を含む三人が人差し指を置いた。

最初は好きな子の名前や、いつ退院できるかとか他愛のないことを訊いたが、それだけでは物足りなくなった。

「この病院で、今度誰が死ぬか占うことになってね。三人全員が、命にかかわるような病気ではなかったので、こんなヤバいことが訊けたんだ」

コックリさんを始めると、すぐに十円玉が動いた。

『301　ナカムラ』

確かに301号室には中村というおじいちゃんが入院していた。数日後、中村さんは亡くなった。

「九十一歳のおじいちゃんで老衰だったんだけど、僕らは当たった！　と騒いで、またコックリさんをやって、次に誰が亡くなるか占ったんだ」

『302　アサノ』

302号室には朝野という八十八歳のおばあちゃんが入院していた。そして占いの翌日に亡くなった。こちらも老衰だった。

また当たった！　と興奮気味になったS君たちは、再びコックリさんをやってみた。

『303　カワグチ』

303号室には川口という七十代後半のずっと寝たきりのおばあちゃんが入院していた。

そして、コックリさんをやった当日の夜に、急に容体が悪化して亡くなったのだ。

S君たちは、冷や汗が出たという。彼らの部屋は304号室だったからだ。

だが、好奇心から再びコックリさんで次に死ぬ人を占ったという。

『310　ヨシダ』

だが、三階には病室は309号室までしかない。

翌日――吉田という看護師が交通事故で亡くなった。

「三階のナースセンターって、病室を改装して作ったらしいんだ。それ以来、二度とコックリさんはやってないし、人の寿命を調べるようなこともしていないよ」

不安は残る

猫科狸

赤嶺さんは出勤途中に、物凄い腹痛に襲われて駅のトイレに駆け込んだ。

急いで個室のドアを開け、便座の蓋を上げると、便器の中に顔があった。

思わず「すいません！」と声をかけ個室を出たのだが、冷静に考えると便器の中に顔があるわけがない。恐る恐るもう一度個室へ入り、便器の中を覗くとそこには顔など無かった。

その日の夜、赤嶺さんが寝ているといきなり目の前がパッと明るく真っ白になった。

続いて「すいません！」と男性の声が部屋中に響き渡り、すぐに部屋は暗闇に戻った。

それから暫く経って、会社のトイレ掃除担当になっていた赤嶺さんが便座の蓋を開けると、便器の中にまた顔があった。

「うわ！」声を上げつつ、つい手元に持っていたブラシを便器の中の顔に突き刺した。

「じゅぷっ」と一瞬嫌な声を漏らして顔は便器から消えた。

「あれからずっと不安が残ってるんですよ。夜中、急に目の前が明るくなるんじゃないかなって。でも、便器の中の顔つぶしちゃったから大丈夫なのかなぁって」

赤嶺さんは顔を擦りながら不安そうに笑っていた。

復讐

月の砂漠

二十年ほど前、高木さんは高校球児だった。北陸地方のとある県で、強豪校とはお世辞にも言えなかったが、甲子園を目指して日々練習に汗を流していた。

だが、高三の夏。最後の県大会を目前にして、チームの後輩の吉本さんが亡くなるという悲劇に見舞われた。学校の屋上から転落したというのだ。不幸な事故死とされたが、野球部内では「本当は飛び降り自殺だったのでは？」と噂された。

実は吉本さんは、一部の三年生たちからいじめに遭っていた。高木さんは以前、チームの副キャプテンでもある捕手のAが、吉本さんに無理矢理、アリを食べさせている場面を見てしまったことがあった。

あの時、俺が止めておけば……と、高木さんは悔やんだという。

迎えた県大会の一回戦。チームは吉本さんの遺影をベンチに置いて試合に臨んだ。この日の対戦相手との実力差を考えれば、余裕で勝てるはずだった。ところが、高木さんたちは大苦戦を強いられる。異常なほど不運が続いたのだ。

チームの一番打者のBは、右手首にデッドボールを受け骨折した。エース格の先発投手Cは、ゴロをさばく際に転倒し左足首を捻挫した。三塁手のDは、フライを取ろうとしてフェンスに激突し、右肩を脱臼した。主力選手にここまで怪我が続いては勝てる試合も勝てない。高木さんたちのチームは惜敗し、夏があっさり終わった。

試合後のロッカーで、悔し涙を浮かべる多数の選手たちの中、二年生で補欠投手のMが青ざめた顔をしていた。高木さんは、どうかしたのか、とMに声を掛けた。

「今日、怪我した先輩たち。怪我した場所が、吉本が死んだ時の傷と一緒なんです」

Mは吉本さんと幼なじみで、吉本さんの通夜の手伝いもしていた。だから、吉本さんの死因を詳しく知っていた。

「吉本は屋上から転落して、右手首と左足首と右肩を激しく損傷していたんです。直接の死因は頭蓋骨の陥没骨折なんですが……」

これは吉本の復讐ですよ、と震え声で言うMさんを、高木さんは制した。今日の試合で怪我をした三人が、いずれも吉本のいじめに関わっていたことを高木さんも知っていた。もしかしたら本当に吉本の復讐なのかもと思い、話題にするのが怖くなったのだ。

副キャプテンのAが亡くなったのは、その数日後だった。

夜中、赤信号を自転車で渡ろうとし、対向車に跳ねられたのだ。

Aの死因は頭蓋骨の陥没骨折で、遺体の発見時、なぜか口の中に多数のアリが入り込んでいたという。

墓じまい

アスカ

大野さんは、定年になったのを機に墓じまいを行った。
そこには両親と幼い妹が眠っていた。
閉眼供養の準備が整い、立ち合いの元、重機が運ばれてきた。
エンジン音が響く中、掘り起こされる土砂にはコンクリートや石片が混じっている。
ふと、小さなプラスチックに目が止まった。
近づいてみると、おもちゃのスコップだった。
あっと、思わず立ちすくんでしまった。
妹の骨と一緒に納めたものだからだ。
「祭りの夜店で見つけてね。さんざんせがんで買ってもらってたよ」
泣き顔を笑顔に変えて帰っていった。
お気に入りの赤いスコップ。
一緒に公園に行く時も離さずに持っていた。
小さい手で楽しそうに砂を掘る姿が瞼《まぶた》に焼き付いている。
スコップを野犬に咥えられ、泣きながら追いかけたこともあった。

おぶった時の背中の温もりや、石鹸臭い髪の匂いまでもが浮かんでくる。

そんな記憶に浸《ひた》っている時だった。我に返った大野さんは異変に気づいて声を上げた。

血潮が流れ出したように、スコップがみるみる真紅に染まっているのだ。

生き物のように、小さな息遣いさえ聞こえてくるようだった。

「妙子……」

思わず妹の名を呼ぶと手をのばした。

「さわっちゃ駄目だ！」

ギクッとして振り向くと、お性根抜きに呼んでいた僧侶が立っている。

「あんた、連れていかれるよ」

足元には色褪せたプラスチックの破片が転がっていたという。

娘の写真

月の砂漠

山岡さんには春香ちゃんという一人娘がいる。目に入れても痛くない愛娘だ。

その春香ちゃんが地元の神社へ七五三詣でをした際のこと。山岡さんは、参道を着物姿で歩く春香ちゃんと妻の和泉さんを、何気なくカメラに収めた。

帰宅して、撮った写真を見返してみて、山岡さんは青ざめた。

手をつないだ春香ちゃんと和泉さんの間から、クシャクシャな顔をした見知らぬ赤ん坊が、ぼんやりと顔を覗かせていたのだ。

心霊写真など、生で見たのも撮ってしまったのも初めてだった。気味が悪くなった山岡さんは「お祓いに行こう」と和泉さんに言った。だが、和泉さんは首を強く横に振った。

『この赤ん坊、私の死んだ息子の大介なの』

和泉さんは以前、別の男性と結婚し、大介君という男子を得ていたが、不幸にも大介君は赤ん坊のうちに亡くなってしまい、その後、前夫とも離婚していた。

山岡さんは、和泉さんのそうした過去をすべて知った上で再婚したのだが、大介君の顔までは知らなかったという。

『大介が、春香を側で見守ってくれているんだよ』

和泉さんは涙ぐんでいた。山岡さんも、そうかも知れないなと思い、胸が熱くなった。

その翌年。春香ちゃんの幼稚園の入園式の写真に、大介君が再び現れた。

桜の木を背にした制服姿の春香ちゃんの足元に、這うように写っていたのだ。

和泉さんは喜んでいたが、山岡さんは奇妙な感覚を覚えた。

七五三の時の写真よりも、大介君が大きくなっているように見えたのだ。

顔も、猿のようだった赤みが取れ、目鼻立ちがはっきりとしてきている気がした。

さらに三年後。春香ちゃんの小学校の入学式の写真に、大介君がまた写った。

春香ちゃんの真横に、大介君はしっかりと立っていた。

春香ちゃんと同じくらいの背丈になり、その顔も、小学生らしい顔へと成長していた。

山岡さんは得体の知れない恐怖を感じ、和泉さんの制止を振り切って春香ちゃんをお祓いに連れて行った。大介君が写った写真データも、すべて消去してしまった。

和泉さんは『大介、ごめんね、大介、ごめんね』と、声を上げて泣いていた。

それ以来、春香ちゃんが中学生になった現在まで、大介君は現れていない。

ただ、山岡さんは時々、春香ちゃんの横顔が一瞬だけ大介君に見える時があって、なんとも言えない嫌な気持ちになるのだという。

木彫りの大仏

キアヌ・リョージ

兵庫県に住むNさんは小学生の頃、学習机の上に木彫りの大仏を飾っていた。

家族と奈良県へ行った際に立ち寄った土産物屋で、親に無理を言って買ってもらったそうだ。

「別にお寺や仏像が好きなわけではないんですけど、一目惚れというか、その大仏だけが妙に気に入ったんですよね」

手先の器用だったNさんは、大仏のために木材を使って簡単なお堂とお賽銭箱をこしらえた。

「所謂ごっこ遊びですよね。毎日お賽銭を入れ、手を合わして、テストで良い点取れるようにとか、お願い事をしていました」


そんなある日のこと。家のベッドで寝ていたNさんは、誰かに突き飛ばされる感覚で目が覚めた。ベッドから落ちており、眠気まなこで戻ろうとすると、突然地鳴りのような音が家中に響きわたる。

それと同時に床が激しく揺れているのが分かった。

洋服ダンスがぐらりと揺れて、先程までNさんが寝ていたベッドに倒れ込んできた。

「危機一髪でした。あのまま寝ていたら、きっと大怪我だけでは済まなかったでしょう」

洋服ダンスはかなりの重量だったようで、ベッドは深く沈んでいた。

「地震や！　大丈夫か！　怪我はないか！」

両親に連れられ家の外に出ると、町中は大騒ぎになっていた。

幸いにも、家も家族も無事だったようで、後片付けをするために家に戻った時、倒れた洋服ダンスとベッドの隙間から、学習机に飾ってあるはずの大仏が、粉々になって出てきたそうだ。

餅が欲しい

高倉 樹

昨年の正月、Tさんの祖父が餅を喉に詰まらせた。

幸いにも、帰省していた看護師の従姉妹《いとこ》の対応がすばやく、祖父は入院こそしたものの大事には至らなかったそうだ。

ただ、それ以来、祖父がしきりに餅を食べたがるようになった。危ない目にあったのだから嫌いになりそうなものなのに、と思いつつ、Tさんはなるべく餅を刻んで、祖父のリクエストに応えるようにしていた。

ところが、祖父の「食べたがり」はどんどん悪化していった。餅に手を加えるのが面倒でTさんや家族が断ると、勝手に焼いて食べようとする。さっき食べたばかりなのに、と思う場面も増えて、Tさんと家族は認知症を疑ったほどだという。

疲れたTさんは、どうしてそんなに餅にこだわるのか、繰り返し尋ねた。祖父はただ食べたいからだと言い張って譲らなかったが、餅を隠されると、渋々告白した。

餅を詰まらせて以来、餅が喉を通っていく瞬間だけ、亡くなった祖母が手招いている姿が見えるのだ、と。

夏を越す前に、Tさんの祖父は亡くなった。死因は餅ではなかったそうだ。

流暢

大坂秋知

長谷川さんの一人娘は墓参りの際、卒塔婆に書かれた文字を読み上げたことがある。すらすらと言葉を連ねる様子に、親族一同大いに驚いたという。

「賢いお子さんなんですね」

私が言うと、長谷川さんは顔をしかめた。

「そういう話じゃないです。当時、生後八か月でしたから」

それきり墓参りに娘を同行させていないため、原因は分からないという。

旅館のしゃれこうべ

のっぺらぼう

Mさんの実家は昔、長野県で旅館を家族経営していたという。

旅館の一階は自宅も兼ねており、Mさんは幼い頃から成人するまでそこに住んでいた。

「そんなに大きな旅館じゃないけどね。子供の頃は掃除や食堂の手伝いくらいはしてたのよ。あと風呂掃除ね。旅館の風呂は家族も使っていたしね」

そんなMさんが小学生の時。自室で寛いでいると、突然風呂場から姉の金切り声が聞こえてきた。駆けつけると、湯船の中に祖母が浮かんでいた。

原因は不明。救急で病院に搬送されたが、祖母はそのまま鬼籍に入った。

「それからなの。お風呂場の前の床に変なシミが出来たのは」

ある日、Mさんがシャワーを浴びようと風呂場に向かうと、そこに通じる廊下に敷かれた赤いカーペットがじめじめと濡れて黒く変色していた。

脱衣所に設置された洗濯機から水が漏れ出したのかなど、調べたが原因はわからなかった。

「それが最初は変な模様みたいに見えたんだけど……」

気になったMさんは一歩離れ、もう一度見返すと、それは人間の頭蓋骨にそっくりだったという。

足の踏み場がなくなるほどの巨大なシミは、異様な存在感を放っていた。

「遊びに来た友達にも見せたよ。それくらいはっきりしてたの」

「あ、あとそのシミ、全然乾かないの」

何故かどれだけ時間が経っても乾くことがなかったとMさんは当時を振り返り首を傾げていた。

「絶対におばあちゃんの怨念だと思ったんだけどね……」

だが、ある日家族の話を耳にして、その自信が無くなったという。

「おじいちゃんもね……おばあちゃんと同じ様に旅館のお風呂で浮かんで亡くなってたんだって」

旅館は二十年ほど前に廃業されて取り壊されている。

件のシミは解体されるまで残っていたという。

隣家の木

猫科狸

喜納さんは隣家の庭に生えている木に恐怖を覚えていた。

「ただの木なんです。何の変哲もない。でも目に入る度に何故か島肌が立つくらいに怖く感じて」

隣家には中年の夫婦が住んでいたが、特に変わったところもない良い隣人であった。

ある日仕事が忙しく、夜分遅くに帰宅することがあった。疲れた身体を引き摺り、自宅にたどり着くと、見知らぬ誰かが家の前に立っていた。

夜道に人が立っている、ましてや自宅の前というだけで充分に恐怖を感じていたのだが、更に嫌なことに気が付いた。

（この人、何かを見て震えてる）

暗くてよく見えないのだが、その誰かは隣家の木を見ているようだった。

見ないほうが絶対に良い。そう直感したのだが、喜納さんはつい木に視線を向けてしまった。

視線の先では、木がいつもと変わらず庭に佇んでいた。

ただ幹だけが違っていた。

犬、猫、虫、人、人、人――幹を包んでいたのは乾いた様々な生き物の皮だった。

生き物の顔である部分に張り付いている眼球は白く、死んだ魚のようだった。

声を出すことも出来ず、動くことも出来ず、震えたまま立ち尽くす。

(あぁそれで立っていたのか)

自宅の前に立っている人も同じだ、とそこに目をやる。

その誰かはいつの間にか喜納さんを見ていた。

同じように白い眼をして――。

喜納さんはどうしてよいか分からず立ち尽くしていたが、不意に隣家の室内に明かりが点くと同時に、無意識に自分の家へ飛び込んだ。

「気が付くとそのまま玄関で朝を迎えていました。昼頃に家を出た時、隣家の夫婦に挨拶されたのですが、なんだか怖くて顔を見ることができませんでした」

喜納さんはすぐに新しい家を探し、今はもう別の地域に住んでいる。

六五〇〇万年前より

高倉 樹

　Uさんがその石を収集したのは、兵庫県の川原だった。

　きめの細かい砂岩のかたまりで、握り拳ほどの大きさをしている。白い地味な石だが、兵庫の東寄りには、有名な化石が見つかってきた地層がある。

　地学ゼミで院生として学んでいるUさんは、川原に転がる周囲の石と質感が異なるのを見て取って、その石を持ち帰った。その日のフィールドワークであまりに収穫がなく、せめてひとつ、何か持ち帰らなければという焦りもあったという。

　きちんと手続きを踏んで「採集」した試料だったが、数日後、ロックハンマーとのみを使って割る段階になって、ひどく気持ちが悪くなった。作業を後輩に任せてUさんは早退したが、引き継いだ後輩も悪寒を覚えて、作業は繰り返し中断された。

　結局その石を割ったのは、学内で飲み会をしていた、天文学ゼミの学生だった。

　彼は「気味が悪い石がある」という話を聞きつけ、酔っ払った勢いに任せてハンマーを使った。石は見事に割れて、Uさんが睨んだ通り、中からは化石の一部が見つかった。

　ただ、石を割った学生は、しばらく目まいに悩まされたそうだ。Uさんが試しに白亜紀のコケムシ類の図鑑を見せると、まさにこれが瞼の裏に踊るのだ、と訴えたという。

彪

夕暮怪雨

ある日の夜、牧野さんが友人と道を歩いていると、電柱の下に何かが置かれていた。

それは海外旅行で使うような、大きく頑丈そうな黒いスーツケース。

鍵は付いておらず、よく見ると有名なメーカーだ。

ハンドルを持ちキャスターを動かすが軽い。どうやら中身は入っていない。

忘れ置かれたようにも見えない。

(どうせ不法に投棄したものだ)

牧野さんはそう思い、立ち去ろうとする。

すると、友人に引き留められた。

近々旅行を計画している友人は、まだ使えると算段してキャリーケースを拾うことにしたのだ。

誰が使ったか、何に使ったか分からぬ物。

薄気味悪く感じた牧野さんは止めるが、友人は「捨て物は拾い物だよ」と話し、言うことを聞かなかった。

そのままガラガラとスーツケースを転がしながら、二人で友人宅へ向かうことにした。

彼の家族への挨拶もそこそこに、二階の部屋に入る。

持ち込んだスーツケースは、手狭な部屋に置かれるとかなり目立つ。

部屋に入るなり、友人が上機嫌でスーツケースを開けた。

中身から紙っぺら一枚、ヒラリと落ちる。説明書だろうか？　友人がその紙を拾い上げた。

文字が一字、記されている。それは「彪」という文字だ。

その文字を見た瞬間、牧野さんは何か寒気を感じた。

けれどその意味は分からない。側の友人は気にもしていない。

その後、友人は数々の不幸に見舞われたるようになった。

今は家を手放し、一家離散もしている。

頭にはっきりと、こびりつく「彪」という文字。

後に「ばけもの」と読むことを知る、あの「彪」という文字が書かれた和紙と、友人の末路に関連があるかは定かでない。

女優に似ている

月の砂漠

　今から十年ほど前、当時大学生だったアミさんは、都心にある和食レストランのアルバイトに応募した。ランチ五千円、夜のコース一万円の老舗店だ。

「着物を着ての接客業を一度経験したくて。ええ、無事に採用してもらいました」

　この店には休憩室があった。十畳ほどの和室で、窓のない薄暗い部屋だ。ここで仮眠を取っても良いと店から言われたが、実際に使用している従業員を見たことはなかった。

「私は普段、夜だけの勤務だったので、そもそも休憩する機会もなくて」


　ある日、アミさんは初めて、昼夜通して勤務することになった。ランチ終わりから夜の営業開始までは二時間の空きがある。それならばとアミさんは休憩室に向かった。昼食を食べ終え、ゴロリと横になって、目をつぶっていた。

　ふと気が付くと、部屋の片隅に一人の女性が正座していた。室内の灯りはいつの間にか消えていて、顔はよく見えない。店の着物を着ているから同僚なのは間違いなかった。

「新しいパートさんかな、一応、挨拶した方がいいかな、と思って」

　体を起こそうとしたが、なぜか首がしびれて動けない。戸惑っていると、女性はスーッと立ち上がり、そのまま部屋を出て行ってしまった。

その夜の勤務時、不思議な事が起きた。複数のお客さんから「あなた、女優のMに似ているね」と言われたのだ。Mは、若い頃からテレビドラマに出続けている有名女優だ。

「そんなこと初めて言われました。私とMさんって、顔のタイプが全然違うのに」

閉店後、後片付けをしながら、アミさんはベテランパートのタカコさんに、そのことを話した。すると、タカコさんは顔色をサッと変え、アミさんに尋ねてきた。

「あなた、まさか休憩室で寝てないよね？　って」

寝ましたよと答えると、タカコさんは首をブルブルと横に振って、アミさんにお祓いへ行くよう勧めた。

「少し前、借金苦で自殺しちゃったパートさんがいるのよ、って。あの部屋で、首を包丁で刺して、正座したままの格好で死んでいたのよ、って」

タカコさんは、事務室にあるアルバムから一枚の写真を抜いて見せてくれた。それは、数年前の忘年会の記念写真だった。タカコさんが、この人よ、と言って指差した先には、女優のMによく似た、きれいな女性が写っていた。

「次の日、すぐお祓いに行って、その店も辞めちゃいました」

アミさんは今でも、Mが出演しているドラマは絶対に見ないという。

十六人の集合写真

高倉 樹

これは、ある大学の、山岳同好会に伝わる話だ。

当時の同好会は、三十人を超える大所帯だった。中級向けのけわしい山で行う登山合宿があったのだが、それもなかなか盛況で十六人が参加していたという。

天気にも恵まれ、行程は順調だった。二日をかけてたどり着いた山頂で、記念写真を撮ろうということになった。山の名前と標高が書かれた看板を囲んでメンバーが並び、その列から交代で抜けて、撮影係をやった。

使っていたのは、当時まだまだ現役だったインスタントカメラだったという。スマホと違って、きちんと撮れたか、その場では確認できない。だから交代で何枚も撮った。

そろそろ最後にと、三年のKさんがカメラを構えた時だ。

Kさんはカメラを覗いたまま、背後に下がってしまった。ついやりがちな動作だが、何しろ狭い山頂だ。Kさんの背後は切り立った岩場だった。とっさにメンバーが注意したが、間に合わずにKさんは落ちた。カメラもろとも崖っぷちから消えて、翌日、何十メートルも下の岩場で、山岳救助隊に回収された。もちろん息はなかった。

——いい加減に写真を取りに来て欲しい、とカメラ屋から同好会会長に連絡が入ったのは、Kさんの葬儀の一か月後だったそうだ。

メンバーはまず戸惑った。Kさんが亡くなって以来、会は活動を自粛していた。現像を頼むようなフィルムに心当たりはない。カメラ屋に叱られるまま金を払って写真を引き取り、写真の束を広げてみて、そこであっと息を飲んだという。

それは、Kさんが亡くなったあの山での写真だった。写真のあちこちにKさんが写っていて、メンバーは涙しつつも喜んだ。遺体が回収された際、カメラの話は出なかったそうで、失われたものと思われていた。それが見つかったのだ。

メンバーが異変に気付くのが遅れたのは、そんな心境があったからだろう。

Kさんの遺品でもある写真なのだから、部室に飾ろうということになった。そこで山頂の集合写真に注目が集まった。せっかくだから全員で写っているものを。そう言って会長が一枚を選び——ようやく「そんな写真があるはずがない」という話になった。

参加したのは十六人だった。交代でカメラを撮ったのだから、撮影役のひとりが必ず欠けているはずだ。

けれどその写真には、十六人全員が写っていた。

同好会の部室には、今でも「十六人の集合写真」が飾られている。左端に立つ笑顔の男性が、亡くなったKさんだと、会員には伝わっているそうだ。

白い闇

沫

賀子さんはかつて信州の過疎の地域に住んでいた。

その土地にはこんなしきたりがあった。山から霧が下りてくる時は表に出るなというのである。それはその地方でかなり広範囲に伝わるしきたりのようだったが、何故そうしなければならないのか。そして破るとどうなるのか。そういうことは伝わっていなかったのである。


ある日の学校帰り。いつも通りにバスに揺られていると、向こうの山の頂から白い霧が雪崩のように降りてきて、山裾を覆い始めていた。

ざわりと乗客達がどよめいた。同時にバスの運転手から、後ほど折り返し運転を行いますので、発着所までお乗りくださいとアナウンスがあった。

誰も何も言わなかった。ただ賀子さんだけが、「降ります」と告げた。自宅の近くだったからだ。

降りた途端、視界が真っ白になった。さすがに賀子さんもそれには驚いた。先程、バスの車窓から見ている限りでは、さほどの濃さの霧ではなかったからだ。

背後でドアの閉まる音が聞こえた。慌てて賀子さんは振り向いたが、バスは大きな黒い影だけを残して霧の中へと消えて行ってしまった。

目の前にはシルエットだけのバス停の看板。賀子さんは、家までは五十メートル程だから大丈夫と自分に言い聞かせ、ゆっくりとその濃霧の中を進み始めた。

思ったよりも近く、家に着いた。あぁ良かったと胸を撫で下ろし、玄関の扉を開けようと近付けば、突然背後から「入っちゃだめだ」と声が聞こえた。

女性の声だと思った。しかも前にどこかで聞いた声のようだった。

「賀子、入っちゃだめだ。もうそこから動くな。霧はじきに晴れるから、それまでそこでじっとしてろ」

どうして私の名前を知っているのだとも思ったが、賀子さんはその言葉に逆らわずその場に立ちすくんだ。

「なるべく息も殺してろ」

声はすぐ真後ろから聞こえた。そして賀子さんは無言で頷いた。

霧は僅か十分ほどで晴れた。何故か賀子さんは家の前ではなく、家とは逆方向の畑のあぜ道の中にいたという。

自爆

黒木あるじ

由佳さんが愛用している傘は、柄の部分に【呪】【血】【死】【蟲】などの禍々《まがまが》しい単語がびっしり書かれている。半年ほど前、ＳＮＳで「傘の柄に〈呪われる〉と書いておいたら盗まれなくなった」との投稿を見つけ、真似してみたのだという。

「効果てきめん、おかげで一度も盗難に遭ってません」

ちなみに彼女は傘に文字を書いて以来、転倒による骨折を二回、追突事故でむち打ちを一回、原因不明の高熱を七回経験している。

グヒンさん

Coco

鈴木さんが近所の山に登ったときのこと。往復三時間あれば充分な初心者用の低山だった。あまり人気のある山ではないようで、すれ違う登山者はいなかった。

植物や昆虫の観察に夢中になりながら、順調に歩を進めた。昼過ぎには山頂近くの広場で持ってきていた弁当を食べた。

食後ゆっくりしていると、ずしんっ——という地鳴りが一度響いた。

かと思うと、周囲が急に薄暗くなった。空を見上げると、そこには巨大な真っ黒い脚が山と山を跨ごうとする瞬間であった。服装や顔はよく見えなかったという。

そしてまた、ずしんっ——という地鳴りが響き渡ると、その姿は最初から存在してなかったかのように消えてしまった。

「そりゃ珍しいこともあるな、グヒンさんとちゃうかいの？」

下山後、冗談交じりで地元の古老にそう言われたという。

関係があるのかは分からないが、政権争いで壮絶な最期を迎えた偉人の陵墓がある山で、古くから御霊信仰の対象となっていた場所だそうである。

ヘッドライト

鷲羽大介

裕介さんが、愛犬のポメラニアンにイルミネーション首輪をつけて、夜の散歩をしていたときに見たものの話である。

ひと気のない道を、首輪が放つ色とりどりの光を楽しみながら歩いていると、向こうから、ぶおおん、ぶおおんと喧《やかま》しい音を立てたバイクが、やけにゆっくりと走ってきた。ヘッドライトが眩しく感じられる。裕介さんは、すぐに違和感を覚えた。

ヘッドライトの位置が異様に高いのだ。

近づいてくるバイクに、ポメラニアンが警戒の声をあげる。よしよし、となだめながら裕介さんはその古そうなバイクとすれ違った。

革ジャンを着た運転手の頭が大きなライトになっていて、普通のバイクならヘッドライトがあるべきところに、しわくちゃの老人がしかめっ面をしていた。

裕介さんは、ぴかぴかと光るポメラニアンを抱き上げると、全速力でその場から走り去った。

三ヶ月ほど前に体験したこの怪異を、裕介さんはこう述懐する。

いま思うと、エンジン音だと思ったのも、人間の声だった気がするんですよ。ぶおおん、ぶおおんとジジイが喚《わめ》いているだけだったんです。でも、あのときはなぜか気がつかなかった。何の疑問もなく、バイクのエンジン音だと思ったんですよ。どういうことなんですかねえ。

裕介さんは、左腕をさすりながらそう話してくれた。

その翌日の通勤中、原付バイクに跳ねられた裕介さんは、橈骨《とうこつ》と尺骨が両方とも折れてしまい、やっと治ったが今も少し痛みがあるのだという。

原付を運転していたのは女子大生で、あの老人とはまったく似ても似つかないそうだ。

違った

牛抱せん夏

仕事を終えて車を運転していた時のこと。

ふいに右肘をなにかに掴まれた。チラッと見ると、ドアとシートの間から手が伸びている。

「うわッ！」

思わずハンドルを切った。車は隣の車線に移る。運よく後続車がなくて良かったが、それどころじゃない。この車にゆうれいが乗っているのか。

俺を殺す気か。

怖くてバックミラーも見られない。すると、先ほど走っていた車線の前方で「ドン」と衝撃音が聞こえた。

玉突き事故が発生し、数台の車が滅茶苦茶になった。車線変更をしていなければ、巻き込まれていたところだった。

なんだ。助けてくれたのか。

A子さんと級友、かく語りき

黒木あるじ

「ウチの家族さ、深皿へ注いだ牛乳に切ったトマトを浸して食べるの。普通の食べ方だと思ったら、彼氏に〝そんなメシ聞いたことねえ〟と言われて。めっちゃビックリした」

「あ、わかる。我が家はトイレに折り鶴を飾ってたわ。どこの家もそうだと思ってたもん。シェアハウスの同居人に〝ないないない〟って笑われて、超恥ずかしかった」

「そういうのあるよね。わたしの家、一年に一度だけパパもママも弟もお祖母ちゃんも、みんな〈溶けた馬〉の顔になっちゃうんだ。先祖がなんかやったのが原因らしいんだけど。やっぱり、どこの家でも似たようなことがあるんだねえ」

B子さんと親友、かく語りき

黒木あるじ

「あのね……去年の元旦、S君と初詣に行ったんだけど」

「え、嘘でしょ。アンタと彼、つきあってたわけ?」

「違う違う。年末に試験の範囲を聞きたくてLINEしてたの。そしたら〝正月なんにも予定ねえんだ〟とか言うんで〝じゃあ一緒にお参りする?〟って誘ったの」

「でも、向こうはオッケーしたんでしょ。実はアンタに気があったんじゃないの?」

「どうかなあ。結局、初詣も微妙な空気で終わっちゃったから」

「微妙ってどういうことよ」

「神社にお参りしてからお守り買って、そのあとで一緒におみくじ引いたの。そしたら」

「あ、わかった。凶が出ちゃったんでしょ。それでS君、テンション下がったとか」

「ううん、凶じゃなかった」

「じゃあ……大凶?」

「白紙。真っ白な紙だった。今年の運勢がなにも書いてないの」

「いや、それって……」

「うん。だから彼、あんな悲惨な事故に遭ったんじゃないかなと思って。今日、お葬式で伝えようか迷ったんだけど……号泣してるお母さんを見たら、さすがに言えなかったよね」

心のよりどころ

Coco

杉山さんは嫌なことや投げ出したいことがあると、いつも近くの噴水公園を訪れていた。昼間は地元の子どもたちで賑わうこの公園は、夜になるとまったくと言っていいほど人通りがなくなる。

そのため、彼女が一人になるにはもってこいの場所だった。

この日は親と些細なことで喧嘩をしてしまい、勢いのまま家を飛び出してしまった。

こんな遅い時間に行く当てもなかった杉山さんは、必然的にこの公園に足が向かった。

泣き過ぎて熱を持った目は、鏡を見ずとも酷く腫れているのが分かった。

無数の星がキラキラと輝く満天の星空、そして大きくて丸い月。

心を落ち着かせるために夜空を見ていると、妙なことに気がついた。

なぜか、月だけがダブって見えるのだ。涙のせいではない。

目がおかしくなったかと目を擦ってみるが、どうしても二重に見える。

不思議に思っているうちに、月が勢いよく二つに分かれた。そうかと思うと、片方の月がものすごいスピードでどこかに飛び去っていってしまった。

初めて見る光景に呆気にとられた。

ふいに足元の噴水に視線を落とすと、水面には月の鏡像に重なるように見知らぬ青白いおじさんの顔があった。

生気のない冷たい目でジッとこちらを見ていた。

ソファでいい

鷲羽大介

柚巴さんが、付き合い始めて間もない理系の彼氏とデートをして、お酒も飲んでいい気分になり、終電もなくなったので、彼氏から「変なことはしないから、泊まっていこうよ」と繁華街のラブホテルに入ったときのことである。

彼氏は「変なことはしない」と言うものの、柚巴さんとしてはそれを真に受けるつもりはない。それなりの期待を持ちつつ、彼が選んだ部屋へチェックインした。柚巴さんが上着のコートを脱ぎ、ハンガーにかけてクローゼットにしまっていると、彼は「ああ酔っ払っちゃった。俺はここでいいや」とダウンジャケットも着たままソファに横たわり、すぐに眠ってしまった。柚巴さんは、すぐ起きてくるだろうと思いながら服を脱ぎ、シャワーを浴びてから素肌にバスローブをまとって、ベッドへ入った。しかし、彼は一向に目を覚ます様子がない。小声で何度か呼んでみても、反応はなかった。

がっかりした柚巴さんだが、酔って寝てしまったものは仕方ないし、チャンスはまたいくらでもあるよね、と広いベッドにひとりでそのまま眠った。

翌朝、軽い失望を抱えたままチェックアウトして、ホテルを出た途端に、彼は柚巴さんの手を握って泣き始めた。

「怖かったよう。ベッドの真上で、天井から首を吊った女がぶら下がって、こっちを見ながら両手を左右にぶらぶら振ってたんだ。柚巴には見えてないみたいだったから、言わないでおいたんだよ。僕は怖くてベッドには近寄れなかったから、見えてないふりしてソファでずっと寝たふりをしてたんだ。大丈夫だった？　ごめんね、ごめんね」

すがりつくようにして泣く彼の姿を見て、柚巴さんは意外な感情がお腹の底から猛烈な勢いで湧いてくるのを感じた。

か、かわいい。

柚巴さんは、彼の手を引っ張って隣のラブホテルに入った。そしてその日のうちに自分からプロポーズしたそうである。

ふわふわ

鷲羽大介

柚巴さんは、婚約者となった彼に、以前からこういうものを見ることがあったのか、訊いてみた。

学生のころ住んでたアパートでね、見たことあるよ。

二階の部屋で、窓の外に街灯があって、カーテンを閉めてもぼんやり明るいぐらいだったんだけどね。夜中に、なんとなく胸を圧《お》されてるみたいに苦しくなって、目が醒めたら、窓の外で、街灯の光がちょっと影になったんだよ。なんだろうと思って、窓を開けてみたのね。

そうしたら、まん丸い赤ちゃんの顔が浮かんでたの。それがすっごいでかいんだ。そうだね、軽自動車ぐらいだったと思う。ほっぺが赤くて、ふにふにしてて、髪の毛もほやほやで少ししか生えてなくてね。それがちょうど二階の窓の外を、ふわふわ浮かんでたの。目をつぶって、眠ってるみたいな顔だったね。

これはやばいな、と思ってすぐ布団をかぶって隠れて、どこかへ行くまでやりすごすことにしたのね。一時間ぐらいそうしてたかな、そろそろいなくなっただろう、ていうかそもそも寝ぼけて幻を見ただけなんじゃないか、と思って布団から出て、窓を開けて外を見たのね。

そうしたらね、空のずうっと上のほうに、ちょうど満月だった月をぐるっと囲むみたいにして、さっきの赤ん坊と、髪の毛を七三に分けた中年のおじさんと、白い猫と、三つの顔がふわふわ浮いてたんだ。

もう遠くまで行ったから大丈夫だろう、と思って窓の鍵を閉め直して、また布団に潜り込んで朝まで寝たの。次の日からまたアパートを探して、引っ越したのが今住んでいるマンションなんだよ。それからは、変なものは見てなかったんだけどね。なんであんなの見えたのかなあ。

柚巴さんは、やっぱりこの人はかわいい、と思ったそうである。

予測

黒木あるじ

サラリーマンの芦原さんがパソコンの不調に気づいたのは、昨冬のこと。キーボードを打っていると、まるで関係のない単語が出てきたのだという。

「予測変換ってやつですよ。たとえば〈あ〉と打ったら〝愛してる〟〝ありがとう〟とか勝手に候補が出てくるアレです。でも、普通は冒頭の一文字と合致した語句が表示されるでしょ。ところがね……まったく違うんですよ」

こむらみちこ。

人名とおぼしき六文字が〈た〉を打っても〈に〉を打っても現れるのだという。むろん、そのような人間に心あたりはなく、書いたような憶えもない。

「間違って辞書登録したのかと思ったんですが、そんな単語見つからなくって。仕方なく〈こむらみちこ〉が出るたびにデリートしましたよ。けっこうなストレスでしたね」

しかし——パソコンの不具合は、ある日を境にぴたりとおさまった。

「スマホのマッチングアプリを通じて、おなじ県に住む女性と会ったんです。その夜から予測変換が普通に戻りました」

彼女の名前は古村美智子さんという。

「相性は悪くないんですが、交際するかどうかは迷ってます。あの〈予測〉が〝この子にしておけ〟って意味なのか〝この子は止めておけ〟なのか、まだ判断がつかなくて」

対面して、まもなく三ヶ月。「そろそろ決めなくては」と日々悩んでいるそうだ。

夜の階段

Coco

私の生まれ故郷の鹿児島には明治維新の立役者で有名な偉人の墓がある。そう、誰もがご存じ「西郷隆盛」である。その墓は長い石畳の階段を上ったとある神社にある。バンド仲間の飯倉君とこの階段を下っていた。小さな街灯しかなく辺りは薄暗い。時刻は夜九時ごろだった。階段を下りきった少し先に、幼い男の子が地面にお絵描きをしていた。

「こんな時間に小さな子がなにしてるんだろうネ？」

そう飯倉君と話しながら、階段を下り終わった。すると男の子が突然立ち上がり、こちらに向かって猛ダッシュしてくるではないか。

「え、え、なに？　なんなの、マジかよ」

飯倉君と私は慌てて左右に避けた。男の子は二人の間を駆け抜けていった。通り過ぎると同時に私たちは振り返り、男の子を目で追った。男の子は石畳の階段へ向かって速度を落とすことなく走り、そのままスーッと消えてしまった。石畳の階段の中へまっすぐ吸い込まれていったのだ。二人は呆然と階段を見つめた。

われは海の子

鷲羽大介

光央さんが五歳の頃、家族で海水浴に行ったとき、波打ち際で浮き輪をつけてちゃぷちゃぷ遊んでいたら、突如大きな波が押し寄せてきて、光央さんの身体は上下さかさまになって水に飲み込まれた。

逆さまになって見る海の中には、七色に輝く太陽があって、そこら中に金色の大きな薔薇《ばら》が咲いている。そのかぐわしい香りに陶然となりながら、光央さんは美しい光景に見とれていた。わあ、きれい。自然に声が出る。

ふいに、巨大な植物の葉が光央さんの身体を包んだ。身動きが取れないまま、物凄い力で引っ張り上げられる。七色の太陽に照らされた世界から、砂にまみれた海岸へ光央さんは引き戻された。漁師らしい赤銅色に日焼けしたお爺さんが、逆さまに沈んだ光央さんの身体を抱き上げて助けてくれたのだという。光央さんのお父さんが、お爺さんにしきりにお礼を言って頭を下げていた。

十七歳の高校生になった今、光央さんはこう言っている。

あのとき、ここが俺の世界なんだと思ったんですよ。

親や家に不満があるわけではないんですけど、俺はあそこで生きていくべき人間なんです。あれから何度も海へ行って、潜ってみたけどなかなかあの世界には行けませんでした。あのときは海の中でもちゃんと息ができたんですけど、でも今はいくら潜ってもやっぱり苦しいんです。どうすればあの世界に行けるのか、ずっと考えているんですよ。

光央さんは、高校では水泳部に入り、夏休みには海でスキンダイビングをやっている。水深二十メートルぐらいまでは楽に潜れる実力を身につけたそうだ。

いち、に、さん

牛抱せん夏

朝の出勤時でのこと。

信号が赤に変わり、交差点で車を停止させた。前にも一台同じように信号待ちをしている小型車がある。山田さんは見るとはなしにその車のリアウィンドウに目をやった。するとそこに影のようなものが動いているのが見えた。自分の斜め後ろ方向に建つ商業ビルが映っている。ビルは三棟あって、そのうちの一棟の屋上から、なにかが下に落ちる。

（なんだろう）

目を凝らして見ると、屋上の手すりからふいに黒い影が現れて、いち、に、さん、ぽとんと落ちる。それが、定期的にくり返される。

いち、に、さん、ぽとん。いち、に、さん、ぽとん。

ふり返って肉眼で見てみたが、なにもない。もう一度前方のリアウィンドウに目をやったが、もう映っていなかった。

出社後、気になって事故物件公示サイトを検索すると、かつて飛び降り自殺のあったビルだと掲載されていた。

貸し農園

丸山政也

十年ほど前のこと。

定年退職後、自宅で暇を持て余していたDさんは、近所の耕作放棄地が貸し農園となったので、申し込みをしたという。

農作業はまったくの素人だったが、数年前まで専業農家をしていた老人が隣の区画を借りることになり、そのひとから色々なことを教わった。そのおかげで初心者が育てたとは思えないほどの立派な野菜を作ることができた。

そんなある日、老人が心筋梗塞《しんきんこうそく》で倒れ、幾許《いくばく》もなく亡くなってしまった。

隣の畑は耕す者がいなくなり、雑草が生い茂って荒れるに任せる状態になった。見るに見かねたDさんは除草しようとしたが、そんな矢先、急性腰椎《ようつい》症を患い、動けなくなってしまった。

腰の具合は次第に良くなったが、自分の畑のことが気になって仕方がない。それで体調のいいときに車で畑に行ってみると、自分のところは荒れているが、どうしたわけか、隣の畑は雑草ひとつなく、土もほどよく柔らかい感じに耕されている。

老人の場所を誰かが新たに借りたのだろうと思っていたが、農作業に復帰してから毎日のように畑にいても、隣の区画を借りている人物に一度も出くわさないのが不思議だった。

そうしているうちにも隣の畑の野菜は青々しく美味しそうに実っている。

それで思いきって畑の貸主に連絡をして、自分の畑の隣を借りているのはどういうひとか尋ねてみると、老人が亡くなった後は誰にも貸していないというのだった。

そんなはずはない。

人手に掛からず、あのような瑞々しい野菜ができるわけがない。

誰かが無断であの畑を使っているのではないかとDさんは考えた。許可なくこっそりやっているのだから、それは自分とは会わないわけだ、と思ったのである。

ところが――。

野菜が収穫時期になっても誰も畑にやって来ない。

他の畑のひとたちも、なぜ収穫しないのかと皆不思議がっていたが、結局実った野菜はことごとく腐り果て、時間を掛けて土に還ってしまったという。

確率、高いか低いか

黒木あるじ

たとえばデパートとかでさ、エレベーターに乗るじゃん。で、三階でドアが開いたのに誰も乗ってこないなんて経験、ない？　そういう場合、実はちゃんと乗ってきてるんだよ。

うん、もちろん生きてないヒト。ああいうモノもやっぱり移動は楽なほうが良いみたい。

あ、でもそのときは「居るかも」って絶対に思わないでね。気づかれちゃうとそのまま自宅まで来るから、あとあと面倒なんだよね。

え、嫌でも考えちゃう？　そんな情報知りたくなかった？

なにさ、アンタが「なにか怖い話はないですか」って聞くから教えてあげたんでしょ。

大丈夫よ、だいたい三割だし。十回そういう目に遭っても七回は無事だから。

気配

Coco

この日、松本さんは部活が終わるのが遅れてしまい帰途を急いでいた。お腹空いたな、なんて考えながら歩き慣れた通学路を進む。ふと脇見すると、古い家が立ち並ぶ住宅街に挟まれた一本の路地があった。

路地の中央辺りの電信柱に、半身が隠れるようにポツンと立つ女が見えた。白い服を着ている、長い髪の女、表情までは見えない。しかし、なぜか無性に見惚《みと》れてしまったという。理由はすぐに分かった。その女は薄く透けていた。女越しに路地先の家がぼんやり見えていたのだ。

見てはいけないものを見てしまったことに後悔した松本さんは、すぐに踵を返し、普段の通学路を全速力で帰宅した。

それからというもの、家の中で知らない女の笑い声や呻き声が聞こえるのだという、母親も聞いていることから、聞き間違えや幻聴の類ではないと話す。

二年以上経った今でも、松本さんはこの女性の気配に悩まされ続けているのだそうだ。

ダイヤル錠

鷲羽大介

昭弘さんは昨年、肘の痛みで通っていた整骨院から帰る途中の道で、ダイヤル式の錠前を拾った。四けたの数字を揃えると開くものである。錆びておらず、まだ新しいようだった。鍵は閉まっている。

しばらく眺めていると、昭弘さんの脳裏にふと「四五八三」という数字が思い浮かんだ。適当に思いついた数字だけど、入れてみようと思った。

錠は一度で開いた。

こんなことってあるんだな、といい気分で錠を持って帰った。

錠前をいじり回しながらテレビをザッピングしていると、あるチャンネルでクイズ番組が放送されていて、ボクシングの元世界チャンピオンがこれから答えを言おうとしているところだった。

昭弘さんの脳裏に「沖縄県庁」という単語がひらめいた。

果たして、元王者は自信満々に「沖縄県庁!」と答えて、不正解だった。問題を見ていないのに、昭弘さんにはその誤回答がわかったのである。

これはきっと予知能力を授ける魔法のアイテムに違いない。そう思った昭弘さんは、力を無駄遣いしないよう、錠前をアルミホイルで包んで押入れの天袋に隠した。密閉して身から離せば大丈夫なような気がして、そうしたそうだ。

翌日、昭弘さんは錠前を握りしめて場外馬券売り場へ行った。競馬なんてやったことはなく、馬券の買い方もよくわからなかったが、とにかく席に座り、錠前を握りしめて精神を統一した。
三、十二、八。
その数字が脳裏に浮かんだのは、最終レースの投票締め切り間際だった。

昭弘さんは、三―十二―八の三連単に十万円を突っ込んだ。三連単が的中すれば、少なくとも数千万円になる。興奮と動悸が収まらないまま、大画面に映し出されるレースの模様を見つめた。

三番も十二番も八番も、上位三着以内に入ることすらなかった。

何がいけなかったんですかね、クイズ番組なんかで無駄遣いしちゃったからですかね。

そう言って、昭弘さんは震える手で酎ハイのジョッキをあおった。

女湯

牛抱せん夏

二十年ほど前のできごとだという。

南原さんは兵庫県のとある旅館で住み込みで料理修行をしていた。

男子寮は旅館から四、五十メートルほど坂を下った場所にある。昔は保養所だったらしい。一階は食堂で二階が宿泊施設、三階が大浴場になっている。

従業員は交代で休みをとることになっていた。

ある休日、南原さんはどこへも出かけずに部屋で休んでいた。気づけば旅館の終業時間が迫っていた。同僚たちが帰ってくる前に、と大浴場に向かった。浴槽に浸かっていると、隣の女湯の方から二、三人の女性の話し声が聞こえてきた。

楽し気な笑い声とともに、建付けの悪い戸がきいっと音を立てる。

それに続いて水音と桶の音。誰か入ってきたようだ。

ここは男子寮だ。かつて女湯だった隣の浴場は、現在は、ほとんど使用されていないはずだ。今日はなにかあるのだろうか。なんの連絡ももらっていない。

「マジで?」「うける」

あははと笑う声と、水音がふいにピタッと止まり、しんと静まり返った。

（おや？）

南原さんは浴槽から上がると廊下に出た。ほかの従業員たちの姿はなく、静かだ。

女湯の暖簾の奥は真っ暗だった。

「誰かいますか。入りますよ」

中に入ってみたが、履物もなく、誰の姿もなかった。

落書き

丸山政也

Fさんは高校生の頃、世界史の授業中に教科書に載っている偉人たちの写真に落書きばかりしていたが、首のところに縄を巻いて首を吊っているふうに描くのがなぜか好きだった。

大学を卒業し、就職して数年経った頃、母校の高校教師がこの数年のうちに三人も首吊り自殺をしたと聞き、もしかしたら自分があんな落書きをしたせいではないかと、ひどく怯えたそうだ。

亡くなった教師たちは皆三十代か四十代の男性ばかりだったが、陰鬱なタイプはひとりもおらず、自死を選ぶようなひとたちには思えなかった。だが、死んだ者たちは数ある教師たちのなかでもFさんが特に嫌っていた三人だったという。

著者紹介

黒木あるじ（くろき・あるじ）
怪談作家として精力的に活躍。著書に『山形怪談』『怪談怖気帳　屍人坂』ほか、「怪談実話」「黒木魔奇録」「怪談売買録」各単著シリーズなど。共著に「怪談四十九夜」「奥羽怪談」各シリーズなど。

鷲羽大介（わしゅう・だいすけ）
一七四センチ八九キロ。右投げ右打ち。「せんだい文学塾」代表。単著に「暗獄怪談」シリーズ、共著に「江戸怪談を読む」、「奥羽怪談」「怪談四十九夜」シリーズなど。

牛抱せん夏（うしだき・せんか）
怪談師。現代怪談、古典怪談、子ども向けのお話会まで幅広い演目を披露する。著書に『実話怪談　呪紋』『実話怪談　幽廓』『呪女怪談　滅魂』『百怪語り　蛇神村の聲』など。

Coco（ここ）
怪談師兼ホラープランナー。「京都怨霊館」「大阪都市伝説　赤い女」などお化け屋敷をプロデュース。TikTokのフォロワーは31万人、SNSの総フォロワーは40万人を超える。著書に『怪談怨霊館』など。

丸山政也（まるやま・まさや）
二〇一二年「もうひとりのダイアナ」で第三回『幽』怪談実話コンテスト大賞受賞。単著に「信州怪談」「奇譚百物語」各シリーズなど。共著に『エモ怖』、「怪談四十九夜」シリーズなど。

天堂朱雀（てんどう・すざく）
今の癒やしは柴犬とカワウソの徳島県生まれ。共著に『呪術怪談』『実録怪談 最恐事故物件』など。

ムーンハイツ（むーんはいつ）
島根県出身。境港妖怪検定中級。インドネシア語検定C級。共著に『呪術怪談』『実話怪談 犬鳴村』など。

緒方さそり（おがた・さそり）
群馬県在住。O型、蠍座。趣味、読書と深夜ラジオ。小中高時代、林間学校や修学旅行に怪談本を持って行き、他の生徒達に引かれていた、陰気キャぼっち系怪談ジャンキーです。

宿屋ヒルベルト（やどや・ひるべると）
北海道出身、埼玉県在住。幼い頃はアンビリバボーとUSO!?ジャパンに震え上がった平成一桁生まれ。本業は編集者。共著に『恐怖箱　呪霊不動産』など。

墓場少年（はかばしょうねん）
愛媛県松山市在住。書店員やアパレルブランド店長を経て現在は温泉旅館勤務。安全地帯での怪談収集を信条としているが、地域密着型の怪異が多い為、たまに呪われる。

豫座州長（よざ・くになが）
愛媛県産品。これまでは読む、訊く、観る専門だったが、怪談仲間の薦めもあって書く方へのチャレンジも開始したオールド怪談ジャンキー。

雪鳴月彦（せつなり・つきひこ）
福島県在住WEB作家。家族全員が過去に不可思議な経験をしているおかしな家で育つ。共著に『街角怪談』『百物語 サカサノロイ』『実録怪談 最恐事故物件』など。

雨森れに（あまもり・れに）
長野県、奇祭の残る土地出身。幼少期に曾祖父の骨董屋で暮らしていたことがある。怪談と戯れる傍らで歌詞提供、短編小説を執筆。怖がりの気ままな飲兵衛やってます。共著に『お道具怪談』『聞コエル怪談』など。

鍋島子豚（なべしま・こぶた）
東北の港町出身。酒の席での怪異収集が生き甲斐の永年中間管理職。愛猫ハイムラとセンセイに囲まれ、雪国生活を謳歌している。

アスカ（あすか）
趣味の散策、写真、庭いじりに励んでおります。

高崎十八番（たかさき・おはこ）
徳島県在住。平成七年生まれ。金魚愛好家。四国と淡路島を中心に、実話怪談を蒐集、加えて執筆活動も行っている。

のっぺらぼう（のっぺらぼう）
東京都八王子市出身。母や祖母の不思議な思い出話が忘れられず怪談に手を染める。これまで体験談を語ってくれた方々、ありがとうございます。

天神山（てんじんやま）
奈良県出身。ペンネームは落語の演目から。田辺青蛙先生のガチ推し勢。読むと胸がキュッと苦しくなる、唯一無二の世界観が大好きです。実家にバケモンがいます。

猫科狸（ねこかたぬき）
沖縄県出身。趣味はプロレス鑑賞、お絵描き。幼少期、父親から怪談噺、ホラー映画を見せられた事でその魅力に惹きこまれ、現在も恐怖体験、怪奇現象を探し求めている。

夕暮怪雨（ゆうぐれ・かいう）
サウナと猫を愛す、怪談作家。怪談師のおてもと真悟と怪談ユニット・テラーサマナーズ結成。主にトークイベントやYouTubeチャンネル、ポッドキャストで活動中。共著に『恐怖箱 呪霊不動産』『実話怪談 怪奇島』など。

沫（まつ）
ディレクター業及び映像作家。芸能方面にて経営から企画、プロデュース、バンドのマネジメントのほか、自らがミュージシャンとして活躍する。一方、ウェブ作家として活動する父・筆者と共に怪談ジャンルに挑戦。一日一話、千話終了のショート怪談をXアカウント〈みっどないとだでぃ〉にて連載中。

筆者（ふでもの）
ウェブ作家として幅広いジャンルにて執筆し、かつ小説講座や投稿サイトなども運営していた父・筆者。一日一話。千話終了のショート怪談を、Xアカウント〈みっどないとだでぃ〉にて連載中。共著に『実話怪談 怪奇島』など。

おがぴー
千葉県在住。怪談好きの薬剤師。怪談マンスリーコンテストで怪談執筆を始める。『投稿 瞬殺怪談』では投稿が全滅したが、捲土重来を期した今作では四作が優秀作に入選した。

月の砂漠（つきのさばく）
血圧高めで恐妻家の放送作家。大学で佐々木喜善や柳田國男の民俗学に触れて以来、東北を中心に日本各地の怪奇伝承を蒐集、個人的に研究し続けている。第四回「上方落語台本大賞」で大賞受賞。共著に『奥羽怪談 鬼多國ノ怪』『実話怪談 怪奇島』など。

安達ヶ原 凌（あだちがはら・りょう）
香川県在住。実話に限らず怪談、ホラー、ミステリーが大好き。実話怪談、体験談募集中。

佐々木ざぼ（ささき・ざぼ）
秋田県出身。せわしない日々に追われる宮仕え。怪談朗読を聞くのが大好きで、鳥やウサギに齧られたりしている。

春日線香（かすが・せんこう）
大分県出身。２０００年より詩作を開始する。著書に『詩集 十夜録』（私家版）。料理と読書、怪談をこよなく愛する。この世のほかならどこへでも。

高倉 樹（たかくら・いつき）
執筆・装丁デザインなど、本にまつわる諸々を承りながら、大阪にて河童捜索活動に従事。古墳で目撃される河童はなぜピンク色なのかの謎を追う。好物はもさもさする食べ物。

佐藤 健（さとう・けん）
福岡県出身。幼いころから霊能者に憧れるが資質がなく断念。見る人から伝える人への転身を図り、日々怪談収集、執筆に励む。同姓同名の二枚目俳優とは別人である。

碧絃（あおい）
２０２３年より小説サイトに投稿を開始。怖い話や心霊スポット巡りが好きな知人が多いので、蒐集していないのに怖い話が集まってきています。

大坂秋知（だいさか・あきとも）
愛知県出身。趣味が高じて怪談収集を始める。

藤野夏楓（ふじの・かふう）
神奈川県出身。YouTubeにて『ねこぽて』名義で怪談朗読動画を配信。心霊特番のナレーション、短編ホラードラマの制作協力、ネット声優など多方面で活躍中。

乙日（おつび）
獅子座流星群が次々に流れてくるのをかつて板橋の夜空で見上げていたら「プヒュー！」という大きな落下音が響いた。「なんだったんだ？」という体験が大好きな屁理屈屋です。

中村 朔（なかむら・さく）
鎌倉在住。二匹の猫に飼われるシナリオライター。人生と怪異が交錯する話を好んで蒐集。蒐集した話はまず猫に読み聞かせ、尻尾が爆発するとその話はお蔵入りになる。

鬼志 仁（きし・ひとし）
犬鳴トンネルがある福岡出身のシナリオライター。これまでに怖い話系の漫画原作の他、ゴルゴ13や名探偵コナン（アニメ）のシナリオを執筆。自称、ホラー映画研究家。共著に『呪術怪談』『お道具怪談』など。

井上回転（いのうえ・かいてん）
山口県出身の平成二桁生まれ。名前をたくさん持っている。駅前でぐるぐると回転している人を見かけたら、ぜひとも声をかけてください。それはおそらく人ではないので。

キアヌ・リョージ（きあぬ・りょーじ）
オカルト好きな祖母の影響により幼い頃から不思議に興味を持つ。現在、幽霊の出る工場に勤めており、日夜その存在に怯えながらも執筆活動に励んでいる。

ふうらい牡丹（ふうらい・ぼたん）
大阪在住。本業は落語家です。短歌を詠むのが好きです。共著に『怪談四十九夜 茶毘』『妖怪談 現代実話異録』など。

緒音 百（おおと・もも）
佐賀県出身。大学時代に民俗学を専攻し、語り継ぐことの楽しさに目覚めて以来身近な怪談・奇談を蒐集している。共著に『鬼怪談 現代実話異録』『呪術怪談』など。

雨水秀水（うすい・しゅうすい）
平成生まれ。東北出身。共著に『実録怪談 最恐事故物件』『呪術怪談』など。

あんのくるみ（あんのくるみ）
絵本から怪談まで作品は幅広い。２０２０年刊行の絵本『つまさきもじもじ』は韓国でも翻訳出版されている。２０２３年随筆春秋賞にて佐藤愛子奨励賞を受賞。無類の猫好き。『実録怪談 最恐事故物件』『呪術怪談』など。

★読者アンケートのお願い

本書のご感想をお寄せください。アンケートをお寄せいただきました方から抽選で5名様に図書カードを差し上げます。
（締切：2024年4月30日まで）

応募フォームはこちら

投稿 瞬殺怪談 怨速

2024年4月5日　初版第1刷発行

著者……………黒木あるじ／丸山政也／牛抱せん夏／鷲羽大介／Coco／天堂朱雀／ムーンハイツ／緒方さそり／宿屋ヒルベルト／墓場少年／豫座州長／雪鳴月彦／雨森れに／鍋島子豚／アスカ／高崎十八番／のっぺらぼう／天神山／猫科狸／夕暮怪雨／沫／筆者／おがぴー／月の砂漠／安達ヶ原凌／佐々木ざぼ／春日線香／高倉 樹／佐藤 健／碧絃／大坂秋知／藤野夏楓／乙日／中村 朔／鬼志 仁／井上回転／キアヌ・リョージ／ふうらい牡丹／緒音 百／雨水秀水／あんのくるみ

デザイン・DTP ……………………………………………………………… 延澤武

企画・編集 ………………………………………………………………… Studio DARA

発行所……………………………………………………………………… 株式会社 竹書房

〒102-0075　東京都千代田区三番町８－１　三番町東急ビル６F

email：info@takeshobo.co.jp

https：//www.takeshobo.co.jp

印刷所………………………………………………………… 中央精版印刷株式会社